VOCABULAIRE GÉNÉRAL DE LA
SÉCURITÉ INFORMATIQUE

**Gestion de la sécurité • Sécurité physique
Sécurité logique • Délits informatiques
Continuité de service**

D0927170

BIBLIOTHÈQUE ADMINISTRATIVE
Conseil du trésor / Services gouvernementaux
Éléments de catalogage avant publication

Verreault, Carole.
    Vocabulaire général de la sécurité informatique : gestion de la sécurité, sécurité
physique, sécurité logique, délits informatiques, continuité de service : vocabulaire
anglais-français / Carole Verreault; [préparé par la Direction des services linguistiques de l'Office de la langue française]. — Sainte-Foy, Québec : Publications du
Québec, © 1996.

    (Cahiers de l'Office de la langue française)

    « Terminologie des technologies de l'information ».
    Bibliogr.
    ISBN 2-551-16730-2

    1. Sécurité informatique – Dictionnaires 2. Sécurité informatique – Diction-
naires anglais 3. Français (Langue) – Dictionnaires anglais 4. Anglais (Langue)
– Dictionnaires français I. Québec (Province). Office de la langue française. Direction des services linguistiques. II. Titre. III. Collection.

A11 L3 C33

Cahiers de l'Office
de la langue française

VOCABULAIRE GÉNÉRAL DE LA
SÉCURITÉ INFORMATIQUE

**Gestion de la sécurité • Sécurité physique
Sécurité logique • Délits informatiques
Continuité de service**

Terminologie des technologies de l'information

Vocabulaire anglais-français

Carole Verreault

Ce vocabulaire a été préparé
à la Direction des services
linguistiques de l'Office de
la langue française.

Cette édition a été produite par
Les Publications du Québec
1500D, boulevard Charest Ouest
Sainte-Foy (Québec) G1N 2E5

Révision
Yolande Perron

Collaboration technique
Françoise Coulombe

Traitement de texte
Ginette Chabot

Mise en pages
Micheline McNicoll

**Conception graphique
de la couverture**
Design et Infographie Eurêka

*Membres du Comité de terminologie
de la sécurité informatique*

Lillian Arsenault
Terminologue
IBM Canada ltée

Lise Blais-Paques
Consultante en sécurité informatique

Raymond Brun
Consultant en sécurité informatique

Robert Cusson
Coordonnateur de la sécurité
informatique
Conseil du Trésor

Sous la responsabilité de
Louis-Jean Rousseau
Chef du Service de la BTQ
et des consultations

Avec la collaboration de
Micheline Cayer
Chef de la Division de la
terminologie des secteurs
de pointe

*Lors de l'élaboration de ce vocabulaire, des spécialistes
français ont pu être consultés grâce au programme de coopération
internationale et à la collaboration des ministères des Affaires
internationales du Québec et des Affaires étrangères de France.*

*Le contenu de cette publication est également diffusé
par le DOC de l'Office de la langue française.*

© Gouvernement du Québec, 1996
Dépôt légal — Bibliothèque nationale du Québec, 1996
Bibliothèque nationale du Canada
ISBN 2-551-16730-2

Tous droits réservés pour tous pays.
Reproduction par quelque procédé que ce soit
et traduction, même partielles, interdites sans
l'autorisation des Publications du Québec.

Préface

L'informatique a pris une importance telle au cours de la dernière décennie que les structures mêmes du monde du travail s'en trouvent bouleversées de fond en comble. L'émergence de ce nouvel environnement socioéconomique fait apparaître à son tour de nouveaux enjeux linguistiques, la langue étant non seulement au cœur de tous les échanges, mais également au confluent de toutes les activités humaines, qu'il s'agisse de création, de recherche ou de production. La pénétration du domaine de la sécurité informatique dans toutes les sphères de l'activité humaine s'est accrue récemment avec le développement des autoroutes de l'information. Ces dernières exigent déjà une adaptation des procédures et des techniques visant à assurer la sécurisation des échanges informatiques sur les réseaux publics. En tant que discipline, la sécurité informatique évoluera donc encore plus rapidement qu'elle ne l'a fait jusqu'ici.

Dans cette perspective, le traitement de cette terminologie de pointe contribuera certes à renforcer la place du français dans ce vaste champ ouvert, générateur de nouveaux modèles de conceptualisation, qu'est devenue l'informatique.

Le *Vocabulaire général de la sécurité informatique* constitue la somme des travaux que l'Office de la langue française a menés dans ce domaine au cours des dernières années. Par le nombre de termes qu'il traite et rassemble pour la première fois sous une même couverture, il contribue à mettre en valeur les ressources dont dispose la langue française afin de répondre aux exigences de la communication moderne dans un domaine clé des technologies de l'information.

La présidente de l'Office
de la langue française,
Nicole René

Introduction

L'Office de la langue française poursuit, depuis quelques années, des travaux terminologiques en sécurité informatique. Ce domaine, marqué par une forte poussée néologique, a vu son importance s'accroître dans tous les milieux de travail. La pénétration du domaine dans les sphères les plus diverses de l'activité économique s'amplifiera encore dans l'avenir, étant donné l'émergence actuelle des autoroutes de l'information, dont, très bientôt, les débits plus élevés, les services plus nombreux et les clientèles plus diversifiées exigeront la mise en place de mesures spécifiques pour assurer un niveau de sécurité satisfaisant. Le problème de la sécurité se posera non seulement pour la protection contre l'accès frauduleux aux données sensibles des réseaux privés, mais également pour la sécurisation des transmissions afin de contrer les détournements et les indiscrétions de toute nature. On peut donc raisonnablement prévoir que la sécurité informatique, en tant que discipline, évoluera encore plus rapidement qu'elle ne l'a fait jusqu'à maintenant.

Afin que les usagers et usagères puissent disposer rapidement d'un premier ensemble cohérent de termes touchant ce domaine névralgique, l'Office de la langue française faisait paraître, en novembre 1992, une première tranche du *Vocabulaire de la sécurité informatique (Gestion de la sécurité)*, lequel traitait la terminologie relative à l'analyse de risque, aux politiques et stratégies de sécurité informatique, de même qu'à la vérification et au contrôle.

Par ailleurs, l'Office annonçait la poursuite des travaux terminologiques dans ce domaine et la préparation d'une seconde publication qui, en plus de reprendre le contenu intégral et révisé de la première, couvrirait tous les autres sous-domaines de la sécurité informatique, dont le traitement terminologique systématique était jusque-là resté en plan.

Le vocabulaire que voici présente donc l'ensemble de la terminologie du domaine. Y sont traités, en plus des termes appartenant au domaine de la gestion de la sécurité qui faisaient l'objet de la première publication, les termes relatifs à la sécurité des installations informatiques, à la sécurité des systèmes et des réseaux informatiques (contrôle d'accès et chiffrement), aux délits informatiques de même qu'à la continuité de service (reprise et secours informatique).

La sécurité informatique emprunte une partie de sa terminologie à d'autres domaines de spécialité, d'où il s'ensuit que certaines notions considérées comme relevant du domaine ne lui appartiennent pas en propre. On y trouvera donc, inévitablement, des termes associés à d'autres branches du savoir, mais dont le traitement a été jugé essentiel, tant pour les besoins des usagers et usagères que pour l'homogénéité de l'ouvrage. À titre d'exemple, le chiffrement constitue maintenant une partie importante du vocabulaire de la sécurité logique (sécurité des systèmes informatiques), et presque tous les termes qu'on y recense nous viennent en droite ligne de la science du chiffre, discipline longtemps cantonnée au seul domaine militaire. Jusqu'à quel point, toutefois, devions-nous faire des incursions dans des domaines autres pour répondre au besoin d'élaboration d'un vocabulaire général en sécurité informatique? Cette question s'est posée avec une acuité particulière lorsqu'il a fallu traiter le vocabulaire relatif à la sécurité physique (sécurité des installations informatiques), dont les termes n'ont pas suffisamment évolué, du point de vue du sens, pour être considérés comme appartenant en propre à la sécurité informatique. Nous avons résolu de délimiter le champ de notre intervention sur cette terminologie en recourant au critère de la fréquence des attestations dans des ouvrages spécialisés en sécurité informatique, mettant systématiquement à l'écart tous les termes dont le traitement aurait exigé un dépouillement quasi systématique de documents et d'ouvrages spécialisés en sécurité industrielle.

Outre les 426 entrées que compte l'ouvrage, plus de 150 notions supplémentaires font l'objet d'observations en note dans un grand nombre d'articles à la suite des définitions. De manière générale, ces notions appartiennent au même champ notionnel que les termes principaux auxquels ils sont associés, ou en dérivent sémantiquement. Dans certains cas, la présentation en note a été privilégiée pour la seule raison que nous ne pouvions fournir les termes anglais correspondants, les notions françaises demeurant, à ce jour, sans équivalent en langue anglaise. Par ailleurs, rappelons que le vocabulaire n'a pas pour but de mettre à jour la terminologie anglaise, mais bien de contribuer à la promotion et à l'enrichissement de la terminologie française dans le domaine de la sécurité informatique. Le traitement particulier dont font l'objet ces quelque 150 notions témoigne de la place bien circonscrite qu'elles occupent dans le champ contextuel du domaine. Pour cette raison, les termes dénommant ces notions sont recensés dans l'index alphabétique français, à partir duquel ils peuvent être facilement repérés dans le corps du vocabulaire au même titre que les entrées principales. Cela porte donc le total des notions traitées dans cet ouvrage à plus ou moins 585.

Bien que ce vocabulaire ne prétende nullement à l'exhaustivité, les usagers et usagères y trouveront, pour la première fois, l'ensemble de la terminologie fondamentale du domaine sous une même couverture.

L'arbre du domaine et la nomenclature française ont été établis en collaboration, par l'auteure du présent vocabulaire et un comité de spécialistes du domaine, mis sur pied par l'Office. Ce comité a également sanctionné les termes choisis ainsi que leur définition, et il a approuvé le vocabulaire dans sa forme définitive. Les termes mentionnés dans chaque article, qu'il s'agisse de l'entrée principale, de synonymes ou de termes traités en note, ont été relevés dans une documentation spécialisée d'expression française, à l'exception de quelques cas qui sont des créations proposées par le comité, après consultation et étude. Les définitions ont été rédigées selon les règles de l'art en terminologie, et des notes ont été ajoutées pour préciser l'emploi de certains termes, en nuancer l'acception, en expliquer les restrictions, le cas échéant.

Le choix des termes à privilégier a parfois été source de difficultés pour le comité. Il n'était pas toujours aisé, en effet, d'identifier, parmi une profusion de termes concurrents, ceux qui devaient être retenus et ceux qu'il fallait mettre à l'écart. La mention d'un ou de plusieurs synonymes dans quelques articles témoigne de la prise en compte de l'usage ayant cours dans le milieu. Néanmoins, les termes figurant en entrée principale française (premier terme français de chaque article) doivent en principe être considérés comme privilégiés par rapport aux synonymes retenus, même si certains d'entre eux ne doivent leur prééminence sur des synonymes plus fréquents que parce qu'ils constituent des formes plus complètes pour désigner les notions définies. Entrées principales et synonymes ont fait l'objet d'un examen attentif, et ils ont été choisis à la fois pour leur qualité linguistique, leur transparence quant à la dénomination de notions dont le sens avait préalablement été bien circonscrit, leur fréquence d'emploi ainsi que leur attestation dans la documentation spécialisée.

Par ailleurs, un soin a été apporté à la rédaction des définitions, de manière que les usagers et usagères puissent avoir, à leur lecture, une compréhension claire des notions traitées. Dans certains articles, la note a précisément pour rôle d'apporter un complément d'information sur des termes de sens très voisins que la seule lecture des définitions ne suffit pas à distinguer facilement.

Nous avons même inclus, pour les termes relatifs aux logiciels antivirus, aux cartes dites informatiques ainsi qu'aux divers plans constituant ce que nous appelons le plan de continuité, très confondus dans l'usage, des schémas illustrant l'articulation sémantique des notions les unes par rapport aux autres.

Comme il a été dit plus haut, le *Vocabulaire général de la sécurité informatique* ne peut, de toute évidence, prétendre à l'exhaustivité. Les nombreux emprunts de termes à des domaines associés, d'une part, de même que l'évolution rapide du domaine lui-même vers une spécialisation de plus en plus marquée, d'autre part, nous ont forcée à restreindre le champ de notre intervention. Nous croyons cependant que les quelque 585 notions répertoriées et traitées ici représentent bien la terminologie fondamentale du domaine, à partir de laquelle les usagers et usagères pourront s'exprimer correctement et faire du français un outil d'expression de leur créativité.

Ce vocabulaire s'adresse, en tout premier lieu, aux spécialistes en sécurité informatique, aux informaticiens et informaticiennes, mais également aux enseignants et enseignantes qui ont à se référer à la sécurité informatique dans les cours qu'ils donnent dans divers établissements d'enseignement au Québec, de même qu'aux langagiers et langagières (traducteurs, rédacteurs et réviseurs). Enfin, bien qu'ils ne soient pas le premier groupe d'usagers visés par ces travaux, les simples utilisateurs et utilisatrices de l'informatique pourront à l'occasion s'y reporter avec profit. Nous souhaitons que, pour tous ceux et celles que nous avons voulu rejoindre, ce vocabulaire devienne un indispensable outil de consultation dans le travail quotidien.

Carole Verreault

Abréviations et remarques liminaires

1. PRÉSENTATION GÉNÉRALE

a) Le vocabulaire comprend 426 entrées. Les notions ont été classées selon un ordre systématique reflétant l'organisation logique du système notionnel, ce qui permet une meilleure interrelation entre les définitions d'un même groupe de notions. Les termes sont présentés dans l'un ou l'autre des cinq grands chapitres qui sont, dans l'ordre :
   - la gestion de la sécurité informatique;
   - la sécurité physique;
   - la sécurité logique;
   - les délits informatiques;
   - la continuité de service.

b) Chaque entrée est précédée d'un numéro d'article et chaque article comprend :
   - en anglais, le terme principal suivi de ses sous-entrées, le cas échéant;
   - en français, le terme principal suivi d'un indicatif de grammaire, une ou plusieurs sous-entrées (formes abrégées, synonymes, abréviations) également suivies chacune d'un indicatif de grammaire, de même qu'une définition;
   - une mention du ou des domaines spécifiques, précédée du signe ☐ .

   Le domaine générique retenu pour tout le vocabulaire est **informatique**. Cette mention a été supprimée dans les articles en raison de son caractère systématique.

c) L'article peut comporter également un ou plusieurs termes non retenus ou à éviter, une ou plusieurs notes, un renvoi (v. a.) ainsi que la mention *Voir schéma*.

d) Les entrées principales et sous-entrées françaises sont inscrites sous leur forme non marquée.

2. REMARQUES PARTICULIÈRES

a) Équivalents anglais

Les termes anglais qui précèdent les entrées françaises sont donnés comme équivalents, mais à titre indicatif seulement. Ils n'ont pas fait l'objet d'une analyse aussi approfondie que les termes français et ne constituent, de ce fait, que des clés d'accès aux notions et aux termes français correspondants. C'est pourquoi les synonymes anglais et les formes abrégées anglaises ont été, pour la plupart, conservés dans le vocabulaire.

Il est à noter que tous les équivalents anglais ont été tirés d'ouvrages spécialisés en langue anglaise, à l'exception de quelques cas, pour lesquels les équivalents anglais proposés sont des traductions libres. En effet, à la faveur de recherches dans les sources écrites et de multiples consultations auprès d'experts de langue anglaise, il est clairement apparu que ces quelques notions françaises n'ont, pour le moment, aucun équivalent en anglais. Il fallait pourtant les traiter en entrée principale, en raison de leur appartenance incontestable à la terminologie française fondamentale du domaine et par souci d'homogénéité dans la présentation des données. Ces quelques cas d'exception sont toujours clairement signalés au lecteur dans une note.

b) Entrée principale française

L'entrée principale française correspond à l'unité qui a été privilégiée, c'est-à-dire à celle dont la qualité linguistique, terminologique et sociolinguistique a été jugée la meilleure.

Elle peut être, à l'occasion, une création du comité de terminologie, soit pour remplacer un emprunt à une langue étrangère ou un terme français jugé inapproprié ou inacceptable, soit pour combler une lacune dans le lexique français.

c) Sous-entrées françaises

Les sous-entrées françaises, c'est-à-dire les termes apparaissant sous l'entrée principale, appartiennent à l'une ou l'autre des quatre catégories suivantes : **une forme féminine de l'entrée principale** dans le cas d'une appellation d'emploi (ex. : *coordonnatrice de la sécurité informatique*); **une abréviation syntagmatique par ellipse de l'élément central** (ex. : *carte magnétique* sous l'entrée principale *carte à pistes magnétiques*); **une abréviation syntagmatique par ellipse de l'élément initial** (ex. : *sauvegarde* sous l'entrée principale *copie de sauvegarde*); **un synonyme** (ex. : *système en configuration réduite* sous l'entrée principale *système en mode dégradé*), bien que la mention *syn.* n'apparaisse pas; **une abréviation** (ex. : *CRC* pour *contrôle par redondance cyclique*). Les données de la même catégorie sont séparées par un point-virgule.

Il n'est cependant fait aucune mention, en sous-entrée, des **abréviations syntagmatiques par ellipse de l'élément final** (ex. : *méthodologie d'analyse de sécurité*, forme abrégée de *méthodologie d'analyse de sécurité informatique*; *vérification*, forme abrégée de *vérification informatique*), puisque la possibilité de recourir à ce principe d'économie dans le discours ou dans une situation de communication particulière existe, en principe, pour toute unité complexe. Les formes terminologiques complètes figurent donc systématiquement, par convention, en entrée principale dans l'ouvrage, même si elles ne sont pas toujours les plus usitées dans un contexte de discours, constituant donc parfois des unités quasi artificielles réservées uniquement, dans l'usage, pour les cas où il y a risque de confusion avec une autre notion du domaine.

De même, pour ne pas alourdir la présentation des données, les **variantes orthographiques françaises** ne font l'objet d'aucune mention en sous-entrée. Seules les formes les plus lexicalisées, ou en voie de lexicalisation (ex. : *sécurité multiniveau* plutôt que *sécurité multi-niveaux*), ont été retenues pour le vocabulaire. Cependant, toutes ces variantes sont consignées sur les fiches terminologiques versées dans les fichiers de la BTQ.

On notera toutefois la mention d'un grand nombre de synonymes dans plusieurs articles. La sécurité informatique étant un domaine néologique, le Comité a choisi de ne pas trop restreindre le nombre d'équivalents acceptables et assez fréquemment employés, afin de laisser l'usage entériner certaines formes.

d) Indicatifs de grammaire

Un indicatif de grammaire accompagne chaque unité terminologique française traitée en entrée principale ou en sous-entrée.

e) Termes français non retenus

Certains articles comportent un ou plusieurs termes non retenus. Il s'agit de termes qui, sans être fautifs du point de vue de la langue, ont été mis à l'écart pour des motifs strictement terminologiques. Il peut s'agir de l'un ou l'autre cas suivant :

- le risque de confusion avec un autre terme du domaine (ex. : *contrôle des limites* par rapport à *contrôle de valeur limite*; *clé secrète* par rapport à *clé privée*; *privilège minimum* par rapport à *droit d'accès minimal*);

- le manque de précision, alors qu'une profusion de termes plus transparents pour désigner la notion sont en circulation dans l'usage et tout aussi fréquemment attestés (ex. : *donnée essentielle* par rapport à *donnée critique*);

- le caractère d'unité de discours plutôt que d'unité terminologique de certains termes, bien que tous ne soient pas nécessairement consignés dans le vocabulaire (ex. : *analyse des risques* par rapport à *analyse de risque*);

- la rareté d'un emploi qui, par ailleurs, ne peut convenir dans tous les contextes (ex. : *discothèque* par rapport à *bandothèque*);

- l'impropriété de l'emploi dans certains contextes (ex. : *chambre forte* par rapport à *centre de sauvegarde*;

- le manque d'harmonisation du terme avec un ensemble de termes formés sur un modèle de désignation standardisé (ex. : *mise en concordance par lots* par rapport à *contrôle de concordance par lots*, dans la série des termes portant sur les contrôles).

Il est important de préciser que ces termes non retenus peuvent être employés correctement dans certains contextes particuliers, ce en quoi ils se distinguent nettement des termes à éviter. C'est pourquoi ils font l'objet d'une mention à part dans l'article, le cas échéant, ainsi que d'un commentaire justificatif en note.

f) Termes français à éviter

Les termes à éviter dont il est fait mention dans plusieurs articles sont des termes fautifs du point de vue de la langue, qui ne sont acceptables dans aucun contexte. Une note explicative pour chacun de ces termes fournit le ou les motifs du rejet, motifs dont on peut ici ramener le nombre à quatre, soit :

– l'impropriété du terme (ex. : *désastre informatique* pour *sinistre informatique*);

– l'anglicisme de sens (ex. : *voûte* pour *centre de sauvegarde*; *plan de contingence* pour *plan de secours informatique*);

– le calque (ex. : *continuité des données* pour *pérennité des données*);

– l'emprunt lexical intégral (ex. : *risk manager*, *firewall*) ou partiel (ex. : *procédure de back-up*).

g) Définition

La définition est unique, c'est-à-dire qu'elle n'a trait qu'à une seule notion du vocabulaire. Les quelques cas de polysémie qui ont été conservés donnent lieu à des articles distincts. À quelques exceptions près, il y a donc autant d'articles qu'il y a de notions véhiculées par un terme.

Il est à préciser que les rares cas de polysémie qui ont été conservés dans le vocabulaire (ex. : *redondance*, *habilitation*) ont été examinés avec soin et ne créent pas de confusion dans le système de dénomination du domaine.

h) Notes

La présentation claire des données en terminologie exige de plus en plus la rédaction de notes dont la présence revêt une très grande importance pour l'usagère ou l'usager soucieux d'employer à bon escient les termes proposés. Les notes peuvent comprendre des remarques linguistiques, terminologiques, techniques ou encyclopédiques qui ont pour but de faciliter la compréhension du terme comme de la notion, d'expliquer les raisons qui ont motivé le choix des unités terminologiques ou leur rejet, le cas échéant, et de donner des renseignements de première importance sur des termes secondaires ou dérivés (ou sur d'autres termes) qui ne font pas l'objet d'une entrée.

Les schémas présentés en fin d'ouvrage remplissent la même fonction pédagogique que certaines notes dans le vocabulaire. Ils ont en effet pour but d'illustrer l'articulation de certaines notions particulièrement difficiles, et si étroitement liées entre elles qu'elles sont source de grande confusion dans l'usage. Les termes définis dans les articles terminologiques qui sont repris dans l'un ou l'autre de ces schémas sont accompagnés de la mention *Voir schéma*; inversement, dans les schémas, les termes sont accompagnés du numéro de l'article où ils sont traités. Le numéro entre parenthèses indique que le terme est traité en note.

i) **Voir aussi**

Les renvois correspondant, dans l'article, à la mention *v. a.* (voir aussi) n'ont pas comme objectif de reconstituer tout le champ notionnel auquel appartient le terme, mais plutôt de reporter le lecteur à un autre article du vocabulaire où il trouvera des renseignements supplémentaires utiles à la compréhension du terme qui l'intéresse. Ils ont ici pour seul but d'éviter la répétition de notes convenant à plus d'un article.

3. BIBLIOGRAPHIE

Le vocabulaire est suivi de la bibliographie qui comprend les documents les plus utilisés pour le traitement terminologique des données. Ces documents sont regroupés en deux catégories (ouvrages et dictionnaires spécialisés – périodiques et normes), par ordre alphabétique d'auteurs ou d'organismes. Pour ne pas alourdir la présentation, les ouvrages généraux et ceux qui ont servi de manière sporadique à de brèves recherches d'appoint n'ont pas été indiqués.

4. INDEX

À la fin de l'ouvrage, un index anglais et un index français reprennent toutes les entrées et sous-entrées anglaises et françaises, de même que les termes à éviter, les termes non retenus et ceux qui se trouvent en note. C'est pourquoi le lecteur devra obligatoirement s'y reporter pour savoir si un terme a fait l'objet d'un commentaire à l'intérieur de l'ouvrage. Les termes figurant dans ces index sont accompagnés du numéro de l'article où ils sont définis. Les numéros entre parenthèses renvoient aux articles où les termes font l'objet d'une mention ou d'un commentaire en note. Les termes non retenus ou à éviter y sont inscrits en caractères italiques.

Arbre du domaine de la sécurité informatique

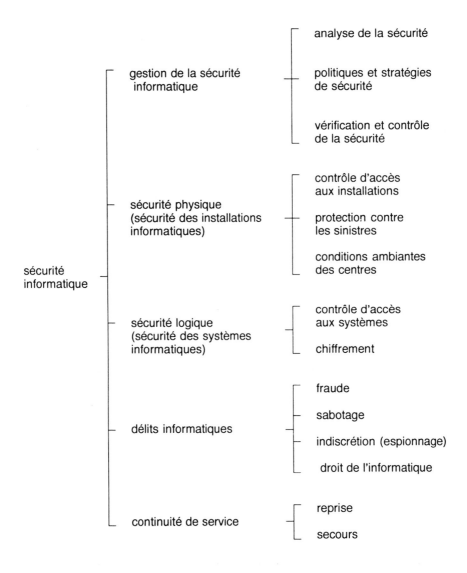

sécurité informatique

- gestion de la sécurité informatique
  - analyse de la sécurité
  - politiques et stratégies de sécurité
  - vérification et contrôle de la sécurité
- sécurité physique (sécurité des installations informatiques)
  - contrôle d'accès aux installations
  - protection contre les sinistres
  - conditions ambiantes des centres
- sécurité logique (sécurité des systèmes informatiques)
  - contrôle d'accès aux systèmes
  - chiffrement
- délits informatiques
  - fraude
  - sabotage
  - indiscrétion (espionnage)
  - droit de l'informatique
- continuité de service
  - reprise
  - secours

Vocabulaire

Notions préalables

1. *computer security*
sécurité informatique n. f.;
sécurité des systèmes d'information
n. f.

Mise en vigueur d'un ensemble de mesures de sécurité physique, logique, administrative et de mesures d'urgence afin d'assurer la protection des biens informatiques, matériels et immatériels, ainsi que la continuité de service.

Note. — Bien que le terme *sécurité informatique* demeure l'acception la plus courante pour désigner la protection des biens informatiques par l'application de diverses mesures, l'usage de plus en plus répandu du terme donné ici en synonyme ne peut être ignoré. En effet, *sécurité des systèmes d'information* est maintenant le terme employé dans les documents officiels de l'ISO, de l'OCDE, de la CEE et de l'AFNOR. Si le terme *sécurité informatique* est privilégié, c'est que, d'une part, il est d'usage plus fréquent dans la langue courante parmi les spécialistes du domaine, dans les articles de périodiques et la documentation usuelle et que, d'autre part, il a donné lieu à la création de nombreux syntagmes tels que *politique de sécurité informatique*, *programme de sécurité informatique*, *mesures de sécurité informatique*, *consultant en sécurité informatique*, etc.

☐ sécurité informatique

2. *computer security*
sécurité informatique n. f.

Absence réelle de danger que la réunion d'un ensemble de conditions matérielles et logiques permet d'obtenir dans la saisie, le traitement et la transmission des données, ainsi que dans la consultation des fichiers automatisés et la production des résultats.

☐ sécurité informatique

Chapitre premier

Gestion de la sécurité informatique

3. *security analysis*
analyse de sécurité informatique n. f.

Examen exhaustif des risques informatiques, des moyens de sécurité existants ainsi que des nouveaux moyens à mettre en place à l'intérieur d'une organisation, compte tenu de la politique de sécurité informatique de cette organisation et des contraintes techniques, humaines, administratives, financières et parfois géographiques qui sont les siennes.

☐ gestion de la sécurité informatique

4. *security analysis methodology*
méthodologie d'analyse de sécurité informatique n. f.;
méthode d'analyse de sécurité informatique n. f.

Démarche rigoureuse et standardisée s'appuyant sur des outils tels que des questionnaires ou des logiciels spécialisés, et permettant de faire l'analyse de sécurité informatique.

Notes. — 1. MARION (méthodologie d'analyse des risques informatiques et d'optimisation par niveau) est l'une des méthodologies d'analyse de sécurité informatique les plus connues. Mise au point par le Club de la sécurité informatique français (CLUSIF), elle repose sur quelques grandes étapes : analyse de risque, expression du risque maximal admissible et calcul de la perte supportable par l'organisation, analyse des moyens de la sécurité, évaluation des contraintes, choix des moyens, orientation et avant-projet.
2. Mélisa (méthode d'évaluation de la vulnérabilité résiduelle des systèmes d'in-

formation) est l'autre grande méthodologie d'analyse de sécurité informatique connue. Elle permet d'analyser la vulnérabilité des systèmes informatiques et peut être utilisée aussi bien par des organisations recherchant une très haute sécurité que par des organisations désirant faire une évaluation à la fois rapide et sérieuse de leur sécurité informatique. Elle est basée sur l'utilisation d'un logiciel d'aide à la décision conçu suivant les principes d'un système-expert.
3. Dans l'usage courant, le terme *méthode* désigne un ensemble de moyens pour atteindre un but, tandis que *méthodologie* a trait à l'étude des méthodes. Toutefois, ce dernier terme est souvent confondu avec *méthode* et tend à s'éloigner de plus en plus de son sens traditionnel. On note qu'une nouvelle acception du terme est en émergence, soit celle d'« ensemble de méthodes et de techniques ». MARION regroupe ainsi un ensemble de méthodes, d'où, sans doute, l'appellation *méthodologie d'analyse des risques informatiques et d'optimisation par niveau*.

☐ gestion de la sécurité informatique

5. *risk analysis*
analyse de risque n. f.;
étude de risque n. f.

Activité constituant une étape de l'analyse de sécurité informatique, et qui consiste à identifier tous les risques informatiques de l'organisation, à les quantifier et à en établir la hiérarchie.

Notes. — 1. L'analyse de risque apprécie les niveaux de risque, acceptables ou non, au regard des impératifs de sécurité. C'est une étude complète et précise des biens informatiques et de leur vulnérabilité particulière, dans le but d'évaluer les pertes prévisionnelles, consécutives à certains événements caractérisés par leur probabilité d'occurrence.

2. Une fois terminée, l'analyse de risque permet à l'entreprise de définir les risques qu'elle peut supporter, et ceux pour lesquels des mesures de prévention s'imposent. Elle prendra donc en charge certains risques acceptables, et pourra décider de transférer les autres à des sociétés extérieures spécialisées : sous-traitants, sociétés de location ou assurances. C'est ce que l'on désigne par le terme *maîtrise des risques.*

☐ gestion de la sécurité informatique

6. *computer security audit;*
   security audit
audit de sécurité informatique n. m.;
analyse de la vulnérabilité n. f.

Activité constituant une étape de l'analyse de sécurité informatique, et qui consiste à inventorier et à qualifier tous les moyens actuels de la sécurité informatique dans une organisation.

Notes. — 1. Il ne faut pas confondre *audit de sécurité informatique* et *vérification informatique*. Lors d'une vérification informatique, une partie seulement des événements informatiques font l'objet d'un examen critique dans le but de détecter les erreurs et les irrégularités commises. Au contraire, l'audit de sécurité informatique revoit toutes les activités informatiques afin de produire une analyse indépendante de l'efficacité des contrôles et de la qualité de la sécurité informatique en général. De plus, alors que les décisions touchant l'étendue de la vérification informatique sont prises sur la base de critères prédéfinis, il n'y a aucune directive de cette sorte pour l'audit de sécurité informatique. La vérification informatique décrit ce qui s'est passé, alors que l'audit de sécurité informatique évalue ce qui pourrait arriver.

2. Malgré qu'il fasse l'objet d'une certaine contestation, le terme *audit de sécurité informatique* est déjà fortement implanté dans le milieu avec un sens précis, différent de celui de « vérification », et son usage est consacré par tous les auteurs faisant autorité dans le domaine.

☐ gestion de la sécurité informatique

7. *information security threat;*
   security threat
menace informatique n. f.

Événement potentiel et appréhendé, de probabilité non nulle, susceptible de porter atteinte à la sécurité informatique.

☐ sécurité informatique

8. *active threat*
menace active n. f.

Menace informatique dont la réalisation entraîne une modification illicite de l'état du système.

Note. — À titre d'exemples, la modification non autorisée d'un fichier et l'insertion de faux messages sont des menaces actives. Celles-ci affectent l'intégrité des données, alors que les menaces passives n'ont trait qu'à la confidentialité.

☐ sécurité informatique

9. *passive threat*
menace passive n. f.

Menace informatique dont la réalisation constitue une atteinte à la seule confidentialité, n'entraînant de ce fait aucune modification illicite du système.

Note. — À titre d'exemples, l'écoute en ligne, un coup d'œil indiscret sur un écran affichant des données pour lesquelles aucun droit de lecture n'a été accordé et l'enregistrement illicite de données sont des menaces passives.

☐ sécurité informatique

10. *physical threat*
menace physique n. f.

Menace informatique provenant soit d'un événement naturel, soit de mauvaises conditions ambiantes du centre informatique.

Note. — Le terme *menace naturelle* est d'acception plus restreinte. Il se rapporte aux seuls événements naturels.

☐ sécurité informatique

11. *accidental threat*
menace accidentelle n. f.

Menace informatique provenant d'une erreur humaine ou d'une défaillance du système, et non d'un événement naturel ou d'une intention malveillante.

☐ sécurité informatique

12. *intentional threat;*
deliberate threat
menace humaine n. f.

Menace informatique provenant d'un comportement malveillant ou d'un acte frauduleux.

☐ sécurité informatique

13. *insider threat*
menace interne n. f.

Menace informatique provenant d'entités autorisées.

Note. — Le terme *menace interne*, qui n'a longtemps désigné que la menace provenant de l'intérieur d'une organisation, a vu son sens évoluer avec le développement des réseaux.

☐ sécurité informatique

14. *outsider threat*
menace externe n. f.

Menace informatique provenant d'entités non autorisées.

Note. — Le terme *menace externe*, qui n'a longtemps désigné que la menace provenant de l'extérieur d'une organisation, a vu son sens évoluer avec le développement des réseaux.

☐ sécurité informatique

15. *computer risk*
risque informatique n. m.

Probabilité plus ou moins grande de voir une menace informatique se transformer en événement réel entraînant une perte.

Notes. — 1. Les risques informatiques peuvent être d'origine naturelle ou humaine, accidentelle ou intentionnelle.
2. Le risque informatique se mesure à la fois par sa probabilité d'occurrence et par le montant de la perte consécutive à sa réalisation.

☐ sécurité informatique

16. *active risk*
risque actif n. m.

Risque informatique découlant d'une volonté délibérée de sabotage ou de destruction des supports d'information, des matériels informatiques ou de leur environnement ou, encore, d'une volonté délibérée de pénétration du système informatique, et ce, malgré les mesures de sécurité physique, logique ou administrative mises en place pour contrer cette volonté.

Note. — Aucune attestation du terme anglais proposé n'a pu être relevée dans la documentation spécialisée en langue anglaise. Cependant, après étude, il est apparu que la forme *active risk* était la plus vraisemblable pour rendre la notion décrite en définition, sur le modèle de *active threat*, terme relevé dans les ouvrages. Nous donnons le terme sous toutes réserves et à titre indicatif seulement.

☐ sécurité informatique

17. *passive risk*
risque passif n. m.

Risque informatique découlant de la seule insuffisance des mécanismes de protection, ce qui expose naturellement les matériels, les supports d'information, le centre informatique, le système et les données aux convoitises et aux menaces de toute nature.

Note. — Aucune attestation du terme anglais proposé n'a pu être relevée dans la documentation spécialisée en langue anglaise. Cependant, après étude, il est apparu que la forme *passive risk* était la plus vraisemblable pour rendre la notion décrite en définition, sur le modèle de *passive threat*, terme relevé dans les ouvrages. Nous donnons le terme sous toutes réserves et à titre indicatif seulement.

☐ sécurité informatique

18. *physical risk*
risque matériel n. m.

Risque informatique relatif à la destruction partielle ou totale des matériels et des installations informatiques.

☐ sécurité informatique

19. *logical risk*
risque immatériel n. m.

Risque informatique relatif à l'altération ou à la destruction, totale ou partielle, des éléments logiques d'un système que sont les fichiers et logiciels.

Note. — Aucune attestation du terme anglais proposé n'a pu être relevée dans la documentation spécialisée en langue anglaise. Cependant, après étude, il est apparu que la forme *logical risk* était la plus vraisemblable pour rendre la notion décrite en définition, sur le modèle de *logical threat*, terme relevé dans les ouvrages. Nous donnons le terme sous toutes réserves et à titre indicatif seulement.

☐ sécurité informatique

20. *maximum risk*
risque maximal n. m.;
risque maximum n. m.

Risque informatique dont l'actualisation entraîne une perte calculée à sa valeur maximale.

Notes. — 1. Le risque maximal se divise lui-même en deux parties : *a*) le risque maximal objectif, correspondant à l'ensemble des coûts mesurables, c'est-à-dire, au premier chef, les coûts matériels et les prestations facturées ainsi que, dans une certaine mesure, les différents frais supplémentaires et les pertes d'exploitation; *b*) le risque maximal subjectif, correspondant aux préjudices difficiles à quantifier, par exemple les pertes de marché, de notoriété, certaines pertes d'exploitation dont la cause n'est pas clairement déterminée, etc.
2. Le calcul du risque maximal donne lieu à l'établissement du risque maximal admissible et du risque intolérable.

☐ gestion de la sécurité informatique

21. *maximum acceptable risk;*
acceptable risk
risque maximal admissible n. m.;
risque maximum admissible n. m.;
risque admissible n. m.;
risque acceptable n. m.;
risque supportable n. m.;
risque tolérable n. m.

Risque maximal que peut subir une organisation sans que sa survie soit mise en péril.

Notes. — 1. Le terme *perte maximale supportable*, qui désigne la perte informatique maximale que peut subir une organisation sans que sa survie soit mise en péril, fait référence, sous un angle différent, à la même réalité.
2. L'expression du risque maximal admissible correspond à la capacité objective de l'organisation à poursuivre ses activités malgré la réalisation d'un risque informatique.

☐ gestion de la sécurité informatique

22. *unreasonable risk*
risque intolérable n. m.;
risque majeur n. m.

Risque informatique dont la réalisation compromet gravement le fonctionnement ou la survie d'une organisation et qui, pour cette raison, doit être considérablement réduit par des mécanismes de prévention, de détection et de protection appropriés.

Note. — La réalisation d'un risque intolérable conduit à des pertes cumulées supérieures à la capacité de survie de l'organisation.

☐ gestion de la sécurité informatique

23. *acceptable level of risk*
seuil de risque admissible n. m.;
seuil de risque acceptable n. m.;
niveau de risque admissible n. m.;
niveau de risque acceptable n. m.

Limite définie par la capacité de l'organisation à supporter une perte informatique, et au-delà de laquelle le risque maximal devient intolérable.

☐ gestion de la sécurité informatique

24. *residual risk*
risque résiduel n. m.

Portion du risque informatique qui demeure, une fois que les mesures de sécurité informatique visant à le réduire ont été mises en application.

☐ gestion de la sécurité informatique

25. *computer loss*
perte informatique n. f.

Valeur des dommages consécutifs à la réalisation d'un risque informatique.

☐ sécurité informatique

26. *direct loss*
perte directe n. f.

Perte informatique résultant soit de la destruction, totale ou partielle, du centre ou de l'équipement informatique, soit du vol ou de la destruction des fichiers ou programmes informatiques, soit des deux.

Note. — Les pertes directes ont trait au patrimoine informatique, celui-ci étant composé, d'une part, des biens matériels acquis par l'organisation, c'est-à-dire l'équipement informatique et son environnement

et, d'autre part, des biens immatériels tels que fichiers et logiciels. Si les pertes informatiques ont trait aux biens matériels, on parle de *perte directe matérielle*; si les pertes informatiques touchent les biens immatériels, on parle alors de *perte directe immatérielle*.

☐ sécurité informatique

27. *consequential loss*
perte indirecte n. f.

Perte informatique induite par une perte directe, résultant soit de la mise en œuvre obligée de moyens de secours informatiques et non informatiques, soit d'une baisse de production ou de rendement de l'organisation, soit des deux.

Note. — On distingue : a) les pertes indirectes matérielles, qui sont chiffrables, telles que les pertes d'exploitation correspondant à des baisses de la marge brute de l'entreprise, les pertes de contrats ou de marchés, les frais supplémentaires engagés pour faire face aux conséquences du sinistre, etc.; b) les pertes indirectes immatérielles, difficilement chiffrables, réparables et assurables, telles que la perte de notoriété, la perte du potentiel commercial (clientèle), la perte du potentiel technologique (savoir-faire ou avance technologique), etc.

☐ sécurité informatique

28. *computer disaster;*
disaster
sinistre informatique n. m.
Terme à éviter : désastre informatique

Événement grave d'origine naturelle ou humaine, accidentelle ou intentionnelle, occasionnant des pertes et des dommages importants à un système ou à un centre informatiques.

Notes. — 1. Le terme *sinistralité informatique* désigne le taux global de sinistres informatiques sur une période donnée.
2. Le terme *sinistre intolérable* désigne un sinistre informatique qui entraîne une perte compromettant irrémédiablement la survie d'une organisation, et dont la probabilité de

survenance doit être réduite au maximum par des mécanismes de prévention, de détection et de protection appropriés.

3. Alors que le mot *désastre* a le sens de « catastrophe » dans la langue générale, le terme *sinistre* revêt un sens plus technique. Il désigne en effet l'événement catastrophique occasionnant des dommages et des pertes et mettant en jeu la garantie d'un assureur. Le sinistre informatique entraîne nécessairement de tels dommages et pertes, et le risque est couvert par une assurance informatique. L'emploi du terme *désastre informatique* au sens de « sinistre informatique » constitue une impropriété et est donc à éviter.

4. Le terme *sinistre total* désigne un sinistre informatique nécessitant des frais de réparation égaux ou supérieurs à la valeur du bien sinistré; si les frais de réparation du bien sinistré sont inférieurs à sa valeur, on parle alors de *sinistre partiel*.

5. Le terme *sinistre matériel* a trait à des dommages matériels consécutifs à la réalisation de risques tels que le dégât des eaux, l'incendie, le bris de machines, tandis que le terme *sinistre immatériel* réfère aux dommages immatériels résultant, par exemple, du saucissonnage, de l'introduction de virus informatiques dans un système ou du vol de données.

☐ sécurité informatique

29. *computer insurance*
assurance informatique n. f.

Contrat par lequel le financement des risques informatiques dans une organisation est transféré à un assureur, qui s'engage à verser une somme convenue en cas de réalisation d'un ou de plusieurs de ces risques spécifiquement garantis, moyennant le versement par l'organisation d'une prime ou d'une cotisation.

Note. — L'assurance informatique remonte aux années soixante-dix. Elle ne prenait alors en compte que les risques matériels comme l'incendie. Les assureurs offrent maintenant des garanties beaucoup plus étendues. L'assurance informatique peut aujourd'hui couvrir, outre les dommages matériels, les pertes de fonds et de biens, les pertes d'exploitation, l'utilisation non autorisée des ressources informatiques, le sabotage immatériel, les frais engagés, avec l'accord de l'assureur, pour limiter les conséquences d'un sinistre sur le traitement de l'information, et même le rétablissement, par l'assureur, du système d'information à partir des copies de sauvegarde.

☐ gestion de la sécurité informatique

30. *human error;*
mistake
erreur humaine n. f.

Erreur découlant d'un acte humain et pouvant produire un effet fâcheux.

☐ sécurité informatique

31. *unrecoverable error;*
nonrecoverable error
erreur irréparable n. f.

Erreur donnant lieu à un arrêt du déroulement normal du programme en cours et qui, malgré plusieurs essais, ne peut être redressée que par des moyens extérieurs à ce programme.

Note. — Une erreur est qualifiée d'*irréparable* lorsqu'une ou plusieurs tentatives d'autocorrection n'ont pas permis le redressement de la situation et que le système informatique ne se trouve pas, malgré cela, complètement immobilisé.

☐ sécurité informatique

32. *fatal error*
erreur fatale n. f.;
erreur bloquante n. f.

Erreur ne pouvant être corrigée par l'application des différentes procédures prévues, et qui entraîne l'immobilisation provisoire du système informatique.

Note. — L'autocorrection est impossible lorsque survient l'erreur fatale; les travaux en cours doivent être interrompus.

☐ sécurité informatique

33. *data loss;*
loss of data
perte de données n. f.

Perte d'un ou de plusieurs bits pouvant se produire lors du stockage ou de la recherche de données.

☐ sécurité informatique

34. *computer security management*
gestion de la sécurité informatique n. f.

Ensemble des activités ayant trait à la planification, à l'organisation et au contrôle de la sécurité informatique.

☐ gestion de la sécurité informatique

35. *security procedure*
procédure de sécurité informatique n. f.

Ensemble d'actions ou d'instructions devant être exécutées dans un certain ordre, et destinées à assurer la sécurité informatique.

Note. — Le terme *procédure* désigne l'ensemble des règles et formalités qui doivent être observées pendant le déroulement d'une opération. C'est la manière de procéder, la mise en œuvre des techniques.

☐ gestion de la sécurité informatique

36. *procedural security;*
administrative security
sécurité administrative n. f.

Mise en vigueur d'un ensemble de mesures et de contrôles d'ordre administratif visant à assurer un niveau de sécurité acceptable.

Note. — La sécurité administrative a trait à la gestion de la sécurité informatique, ainsi qu'aux consignes et procédures de sécurité.

☐ gestion de la sécurité informatique

37. *computer security policy;*
security policy
politique de sécurité informatique n. f.

Énoncé général émanant de la direction d'une organisation, et indiquant la ligne de conduite adoptée relativement à la sécurité

informatique, à sa mise en œuvre et à sa gestion.

☐ gestion de la sécurité informatique

38. *computer security plan*
plan de sécurité informatique n. m.

Projet élaboré sous forme de document, comportant un ensemble d'objectifs précis à atteindre et de mesures à mettre en œuvre en vue de l'application de la politique de sécurité informatique.

☐ gestion de la sécurité informatique

39. *computer security program;*
security program
programme de sécurité informatique n. m.

Ensemble ordonné et formalisé des opérations permettant l'atteinte des objectifs établis et la mise en œuvre des mesures décrites dans le plan de sécurité informatique.

☐ gestion de la sécurité informatique

40. *computer security measure*
mesure de sécurité informatique n. f.

Moyen concret qui assure, partiellement ou totalement, la protection des biens informatiques contre une ou plusieurs menaces informatiques, et dont la mise en œuvre vise à amoindrir la probabilité de survenance de ces menaces ou à minimiser les pertes qui en résultent.

Note. — Les mesures de sécurité informatique peuvent être classées en quatre catégories : *a)* les mesures de sécurité physique; *b)* les mesures de sécurité logique; *c)* les mesures d'urgence; *d)* les mesures de sécurité administrative.

☐ gestion de la sécurité informatique

41. *physical security measure*
mesure de sécurité physique n. f.;
mesure physique n. f.

Mesure de sécurité informatique assurant la protection physique des installations informatiques contre les risques d'origine naturelle ou humaine, qu'ils soient accidentels ou intentionnels.

Notes. — 1. Voici quelques exemples de mesures de sécurité physique : l'installation d'un ordinateur dans une salle ignifugée, bien climatisée et isolée de l'équipement électrique; le stockage des copies de sauvegarde dans des lieux protégés et indépendants du centre informatique; la mise en place d'un système de contrôle des mouvements du personnel dans les lieux physiques par l'utilisation, le cas échéant, de badges, de cartes d'identité, de codes d'accès.
2. On appelle *tatouage* l'opération qui consiste à graver, sur une plaque métallique fixée à l'ordinateur ou dans le plastique de cet ordinateur, un numéro d'identification, lequel est dûment enregistré et transmis à la police ainsi qu'aux principaux revendeurs en cas de vol. Le tatouage est une mesure de sécurité physique.

☐ gestion de la sécurité informatique;
   sécurité physique

42. *software security measure;*
   logical control
mesure de sécurité logique n. f.;
mesure logique n. f.

Mesure de sécurité informatique assurant la protection des systèmes informatiques, et mettant en œuvre des procédures logicielles d'accès à ces systèmes.

Note. — L'utilisation de mots de passe donnant accès à un système informatique, par exemple, est une mesure de sécurité logique.

☐ gestion de la sécurité informatique;
   sécurité logique

43. *contingency measure*
mesure d'urgence n. f.

Mesure de sécurité informatique assurant le dépannage et la reprise des activités à la suite d'une panne, d'un sabotage ou d'un sinistre informatique.

Note. — Voici quelques exemples de mesures d'urgence : la mise en service de

procédures dégradées à la suite d'un incident grave ayant entraîné le fonctionnement anormal d'un centre informatique; la mise en route du plan de secours dans une entreprise, à la suite d'un sinistre informatique majeur.

☐ gestion de la sécurité informatique;
   continuité de service

44. *administrative security measure;*
   administrative safeguard measure;
   procedural security measure
mesure de sécurité administrative n. f.

Mesure de sécurité informatique relative aux modalités de fonctionnement d'une organisation, et s'inscrivant dans un processus normal de gestion des ressources matérielles, techniques et humaines.

Notes. — 1. Voici quelques exemples de mesures de sécurité administrative : la formation et la sensibilisation du personnel auquel on attribue des responsabilités en matière de sécurité informatique; la mise à jour et l'évaluation constantes du programme de sécurité informatique; l'examen régulier des rapports d'exploitation et des diverses journalisations pouvant signaler les violations de toute nature ainsi que l'élaboration de normes de documentation, de développement, de maintenance et d'opération.
2. L'ensemble des mesures de sécurité administrative encadre, en quelque sorte, les autres mesures de sécurité informatique.

☐ gestion de la sécurité informatique

45. *security countermeasure;*
   countermeasure;
   defense
contre-mesure de sécurité informatique n. f.;
parade n. f.

Mesure de sécurité informatique défensive prenant la forme d'une technique, d'un dispositif, d'une procédure, et dont le but est de s'opposer à un effet, de contrer une attaque précise susceptible de porter atteinte aux biens informatiques.

Note. — Le terme *mesure de sécurité informatique* est un générique; son acception est large et inclut donc la notion de « contre-mesure de sécurité informatique », qui évoque une action prise en réaction à une attaque. Ce dernier terme nous vient en droite ligne de la science militaire, désignant les techniques et dispositifs destinés à neutraliser les opérations de l'ennemi.

☐ gestion de la sécurité informatique

46. *security rule*
consigne de sécurité n. f.;
règle de sécurité n. f.

Instruction précise dont l'exécution assure le maintien ou le rétablissement de la sécurité informatique dans une situation donnée du service et qui, pour cette raison, doit formellement tenir lieu de ligne de conduite à tout le personnel d'une organisation, ou à une partie de celui-ci.

☐ gestion de la sécurité informatique

47. *risk management*
gestion des risques informatiques n. f.
Terme à éviter : risk management

Ensemble des activités reliées au choix, à l'évaluation et à la mise en place de mesures destinées à minimiser l'ampleur des risques informatiques.

☐ gestion de la sécurité informatique

48. *risk manager*
gestionnaire des risques informatiques n.
Termes à éviter : risk manager;
risque manager;
risque manager informatique

Personne responsable de la gestion des risques informatiques dans une organisation.

Note. — Les fonctions d'un gestionnaire des risques informatiques consistent notamment à participer à l'évaluation des risques informatiques encourus par l'organisation, à élaborer les plans de sécurité et de sauvegarde visant à réduire ces risques,

à les faire appliquer et à les adapter en fonction de l'évolution de l'organisation.

☐ gestion de la sécurité informatique

49. *computer security consultant;
security consultant*
consultant en sécurité informatique n. m.;
consultante en sécurité informatique n. f.;
conseil en sécurité informatique n.

Personne provenant de l'extérieur d'une organisation et mandatée par cette dernière pour agir à titre d'expert en sécurité informatique.

☐ gestion de la sécurité informatique

50. *computer security manager*
coordonnateur de la sécurité informatique n. m.;
coordonnatrice de la sécurité informatique n. f.

Personne responsable de la conception, de l'application, du suivi et de la mise à jour du programme de sécurité informatique.

Note. — Les responsabilités du coordonnateur de la sécurité informatique sont nombreuses. Il doit notamment veiller à la conception et à la mise à jour périodique d'un programme de sécurité informatique et d'un plan d'urgence, promouvoir la mise en place des mesures de sécurité informatique ainsi que des moyens de protection du centre informatique et des locaux auxiliaires, vérifier périodiquement la capacité du plan d'urgence à assurer la reprise des systèmes essentiels et le rétablissement des opérations.

☐ gestion de la sécurité informatique

51. *computer security administrator;
security administrator*
administrateur de la sécurité informatique n. m.;
administratrice de la sécurité informatique n. f.;
administrateur informatique n. m.;
administratrice informatique n. f.

Personne responsable de la gestion du système de protection des accès logiques.

Notes. — 1. Les termes *administrateur de la sécurité informatique* et *administrateur de la sécurité des données* ne sont pas équivalents. Les tâches de l'administrateur de la sécurité informatique sont axées sur la protection des accès, qu'il s'agisse d'accès à un système informatique ou à un réseau. L'administrateur de la sécurité des données, quant à lui, veille à l'intégrité des données à l'intérieur d'une base de données.
2. L'administrateur de la sécurité informatique a la responsabilité d'appliquer les différents volets du programme de sécurité informatique relativement au contrôle de l'accès. Il doit notamment : *a)* développer et mettre en place les mécanismes de protection des accès conformes aux droits d'accès; *b)* gérer et assurer le maintien et l'efficacité de la protection.

☐ gestion de la sécurité informatique

52. *data security officer*
   Abrév. *DSO;*
   data protection officer
administrateur de la sécurité des données n. m.;
administratrice de la sécurité des données n. f.;
responsable de la protection des données n.
Terme non retenu : administrateur de la sécurité logique

Personne chargée de superviser l'ensemble des fonctions reliées à la protection des données.

Notes. — 1. *Administrateur de la sécurité des données* ne doit pas être confondu avec *administrateur des données*, terme qui n'appartient pas en propre au domaine de la sécurité informatique. L'administrateur des données, en effet, est chargé de l'organisation d'une base de données, tant du point de vue de l'intégrité et de l'authenticité des données que de celui de leur structure et de leur liaison logique.
2. L'administrateur de la sécurité des données est quelquefois appelé *administrateur de la sécurité logique*. Toutefois, le terme n'est pas attesté dans les sources écrites.

V. a. **administrateur de la sécurité informatique (51)**
☐ gestion de la sécurité informatique

53. *data protection*
protection des données n. f.

Mise en vigueur d'un ensemble de mesures de sécurité physique, logique et administrative régissant la collecte des données, leur utilisation ainsi que tous les traitements effectués sur celles-ci, qu'il s'agisse de leur mise à jour, de leur conservation ou de leur destruction.

Notes. — 1. On note une grande confusion parmi les auteurs relativement aux termes *protection des données* et *sécurité des données*. La sécurité des données fait référence au résultat (le fait que les données soient protégées), tandis que la protection des données a trait aux mesures destinées à assurer cette sécurité.
2. La distinction entre les termes *protection des données* et *protection des fichiers* s'impose. Le terme *protection des données* s'applique à des données qui peuvent avoir des protections différentes tout en appartenant à un même fichier. Le terme *protection des fichiers* a trait à un ensemble de données qui font l'objet d'une même protection du fait de leur appartenance à un même fichier, celui-ci étant protégé de manière globale, en tant que fichier.

☐ gestion de la sécurité informatique;
   sécurité logique

54. *data security*
sécurité des données n. f.

Assurance que la confidentialité et l'intégrité des données sont constamment protégées.

Note. — La distinction entre les termes *sécurité des données* et *sécurité des fichiers* s'impose. Le terme *sécurité des données* s'applique à des données pouvant faire l'objet de protections différentes tout en appartenant à un même fichier. Le terme *sécurité des fichiers* a trait à un ensemble de données qui font l'objet d'une même protection du fait de leur appartenance à un même fichier, ce dernier étant protégé de manière globale, en tant que fichier.

V. a. **protection des données (53)**
☐ gestion de la sécurité informatique; sécurité logique

55. *file protection*
protection des fichiers n. f.

Mise en vigueur d'un ensemble de mesures de sécurité physique, logique et administrative assurant la protection des supports d'information, de même que la confidentialité et l'intégrité des données constituées en fichiers, au cours de leur traitement ou de leur transfert par voie électronique.

Note. — On note une grande confusion parmi les auteurs relativement aux termes *protection des fichiers* et *sécurité des fichiers*. La sécurité des fichiers fait référence au résultat (le fait que les fichiers soient protégés), tandis que la protection des fichiers a trait aux mesures destinées à assurer cette sécurité.

V. a. **protection des données (53)**
☐ gestion de la sécurité informatique; sécurité logique

56. *file security*
sécurité des fichiers n. f.

Assurance que l'ensemble des données constituées en fichiers sont constamment protégées.

V. a. **sécurité des données (54);**
        protection des fichiers (55)
☐ gestion de la sécurité informatique; sécurité logique

57. *data integrity*
intégrité des données n. f.

Caractère des données qui ne subissent aucune altération ou destruction, volontaire ou accidentelle, pendant leur traite-

ment, leur conservation en mémoire ou leur transport par voie électronique.

☐ sécurité informatique

58. *integrity management*
gestion de l'intégrité n. f.

Ensemble des activités ayant trait à la détection et à la correction des modifications apportées accidentellement ou délibérément aux données.

Note. — Les techniques utilisées pour assurer la gestion de l'intégrité comprennent notamment le contrôle de la qualité des données, de la fiabilité du matériel et du logiciel, de l'intégrité du personnel ainsi que certaines procédures de secours.

☐ gestion de la sécurité informatique

59. *data confidentiality;*
        confidentiality
confidentialité des données n. f.

Caractère des données dont la diffusion doit être limitée aux seules personnes ou autres entités autorisées.

V. a. **contrôle d'accès (127)**
☐ sécurité informatique

60. *sensitivity*
sensibilité n. f.

Caractère d'une donnée particulièrement vulnérable en raison de sa très grande valeur et de son importance stratégique pour l'organisation qui la détient.

☐ sécurité informatique

61. *security label*
étiquette de sécurité n. f.

Marque attribuée aux données, processus et autres ressources protégées, et indiquant leur niveau de sécurité.

☐ gestion de la sécurité informatique

62. *sensitivity label;*
        sensitivity tag
étiquette de sensibilité n. f.

Étiquette de sécurité associée explicitement à des données sensibles.

☐ gestion de la sécurité informatique

63. *sensitive data;*
critical data
donnée sensible n. f.;
donnée critique n. f.;
donnée vitale n. f.

Donnée dont la divulgation, l'altération, la perte ou la destruction risquent de paralyser ou de mettre en péril soit un service, soit l'organisation elle-même, et qui, de ce fait, devient particulièrement vulnérable.

☐ gestion de la sécurité informatique

64. *confidential data*
donnée confidentielle n. f.

Donnée qui ne peut être communiquée ou rendue accessible qu'aux personnes ou autres entités autorisées.

Note. — Les données confidentielles peuvent être également des données sensibles.

V. a. **contrôle d'accès (127)**
☐ gestion de la sécurité informatique

65. *unclassified data*
donnée non classée n. f.

Donnée dont la perte n'a que des conséquences mineures et qui n'est pas protégée contre la divulgation.

☐ gestion de la sécurité informatique

66. *object*
objet n. m.

Entité passive qui peut contenir ou recevoir de l'information et qui fait partie du système informatique, celui-ci pouvant y effectuer des opérations.

Note. — Par exemple, les programmes, les fichiers et les disquettes sont des objets.

☐ sécurité informatique

67. *subject*
sujet n. m.

Entité active qui permet la circulation de l'information d'un objet à l'autre et qui peut modifier l'état du système.

Note. — Lorsqu'on parle de sujet, il ne peut s'agir que d'une personne, d'un processus ou d'un dispositif.

☐ sécurité informatique

68. *classification*
classification n. f.

Assignation de valeurs à certains attributs d'un objet, lesquelles valeurs caractérisent la sensibilité de cet objet et, conséquemment, la protection à lui accorder.

Notes. — 1. Dans la définition, le mot *attribut* désigne une caractéristique spécifique de l'objet (ici l'information) dans le contexte de la sécurité informatique. Ainsi, l'information peut être classifiée selon des attributs tels que la sensibilité à la destruction, la vulnérabilité à l'altération et à la divulgation.
2. La classification relative à la confidentialité, par exemple, comporte généralement quatre niveaux : public, confidentiel, secret et très secret.
3. *DIC* est l'abréviation de « disponibilité, intégrité, confidentialité », qui sont les attributs de base en sécurité. Le terme *classification DIC* a trait à l'expression du besoin de sécurité en termes de disponibilité, d'intégrité et de confidentialité.

☐ gestion de la sécurité informatique;
sécurité logique

69. *security level;*
security class
niveau de sécurité n. m.

Résultat de la combinaison matricielle d'une classification hiérarchique d'informations et d'un ensemble de catégories d'informations, laquelle combinaison est appliquée à des objets dont elle exprime la sensibilité.

Notes. — 1. En sécurité informatique, la classification hiérarchique appliquée à

l'information comporte généralement quatre niveaux : public, confidentiel, secret et très secret. Par ailleurs, il faut entendre l'expression *catégorie d'informations* au sens de « nature de l'information » (par exemple, information nominative, information financière, information militaire, etc.).
2. Le terme *niveau de sécurité*, tel qu'il est couramment employé dans le milieu de la sécurité informatique, ne répond pas toujours strictement à la définition donnée ici. Il s'utilise fréquemment dans un sens plus large (et plus vague), désignant tantôt la seule catégorie, tantôt la seule classification hiérarchique. La définition proposée s'inspire des normes américaines servant de référence dans les milieux de la sécurité informatique depuis quelques années, et reflétant de plus en plus une évolution de la notion en ce sens.

☐ gestion de la sécurité informatique;
  sécurité logique

70. *security clearance;*
  clearance level
niveau d'habilitation n. m.

Catégorie dans laquelle se trouve un sujet, relativement à la possibilité qu'il a d'accéder à des objets d'un niveau égal ou inférieur au sien, et qui résulte de la classification préalable des sujets et des objets en niveaux de sécurité.

Note. — Le niveau d'habilitation précède l'habilitation elle-même. Il ne donne aucun droit d'accès en soi. Une habilitation doit nécessairement être délivrée ensuite pour certains des objets auxquels correspond le niveau d'habilitation du sujet, mais pas forcément à tous. En effet, l'habilitation sera fonction notamment du besoin de connaître de l'utilisateur.

☐ gestion de la sécurité informatique;
  sécurité logique

71. *authorization*
habilitation n. f.;
autorisation n. f.

Attribution de droits d'accès à une entité par une autorité.

Note. — Le terme *habilitation* désigne également les droits d'accès ainsi attribués. On dira donc, par exemple, *délivrer une habilitation*. En ce sens, *habilitation* est synonyme de *permis d'accès*.

☐ gestion de la sécurité informatique;
  sécurité logique

72. *multilevel security*
sécurité multiniveau n. f.

Sécurité logique relative à la conservation et à la protection d'informations de niveaux de sécurité différents.

☐ gestion de la sécurité informatique

73. *multilevel security policy*
politique de sécurité multiniveau n. f.

Politique de sécurité informatique s'appliquant au traitement d'informations de niveaux de sécurité différents.

☐ gestion de la sécurité informatique

74. *data quality*
qualité des données n. f.

Valeur des données, fondée sur une appréciation de leur exactitude, de leur actualité, de leur précision, de leur exhaustivité, de leur pertinence et de leur accessibilité, en vue de leur utilisation.

☐ sécurité informatique

75. *authenticity*
authenticité n. f.

Caractère d'une information dont l'origine et l'intégrité sont garanties.

☐ sécurité informatique

76. *data perenniality;*
  data continuity
pérennité des données n. f.
Terme à éviter : continuité des données

Caractère des données dont l'intégrité est maintenue dans le temps.

Note. — Le mot *continuité* n'a, en français, qu'un seul sens, soit celui de « caractère de ce qui ne subit aucune rupture ou interruption ». En anglais, le mot *continuity* revêt également ce sens, d'où l'expression *continuity of service*, équivalent du terme français *continuité de service*. Toutefois, l'anglais *continuity* prend aussi le sens de « caractère de ce qui dure sans subir de changement », d'où l'expression *data continuity*. Le mot français *continuité* n'ayant pas ce sens, l'expression *continuité des données* est un calque et ne doit donc pas être employée.

☐ sécurité informatique

77. *system integrity*
intégrité du système n. f.

Propriété d'un système informatique protégé contre les dysfonctionnements, les agressions et les attaques.

Note. — L'intégrité d'un système informatique peut être mise en cause par tout dysfonctionnement : transaction acceptée bien que non autorisée, programme saboté, fichier frauduleusement modifié, etc.

☐ sécurité informatique

78. *continuity*
pérennité du système n. f.

Propriété d'un système informatique assurant la continuité de service.

☐ sécurité informatique

79. *availability*
disponibilité n. f.

Propriété d'un système informatique capable d'assurer ses fonctions sans interruption, délai ou dégradation, au moment même où la sollicitation en est faite.

V. a. **fiabilité (80)**
☐ sécurité informatique

80. *reliability*
fiabilité n. f.;
sûreté de fonctionnement n. f.

Propriété d'un système informatique capable d'assurer ses fonctions sans défaillance, dans des conditions préalablement définies et sur une période déterminée.

Note. — La fiabilité fait référence à la capacité d'un système de se conformer à ses spécifications sur une période donnée, alors que la disponibilité a trait à la capacité d'un système de répondre à une demande à un moment précis. Les deux réalités ne doivent pas être confondues.

☐ sécurité informatique

81. *maintainability*
maintenabilité n. f.

Propriété d'un équipement ou d'un système informatique apte à la maintenance.

Note. — Dans la définition, le terme *maintenance* désigne l'ensemble des activités destinées à maintenir ou à remettre les installations informatiques en bon état de fonctionnement. La maintenance comprend des activités telles que les essais, les remplacements, les réglages et les réparations.

☐ sécurité informatique

82. *vulnerability*
vulnérabilité n. f.

Faiblesse d'un système se traduisant par une incapacité partielle de celui-ci à faire face aux menaces informatiques qui le guettent.

Notes. — 1. L'évaluation de la vulnérabilité d'un système, l'analyse des causes de menaces informatiques et la mise en place des contre-mesures de sécurité informatique appropriées vont permettre d'aboutir à un seuil minimal de vulnérabilité, désigné habituellement par le terme *vulnérabilité résiduelle*.
2. Les systèmes informatiques sont tous, à des degrés divers, vulnérables aux événements, accidentels ou frauduleux, qui peuvent nuire à leur fonctionnement, provoquer leur détérioration ou leur destruction, ou permettre la violation des données qui s'y trouvent stockées.

☐ sécurité informatique

83. *authorized user*
utilisateur autorisé n. m.;
utilisatrice autorisée n. f.

Utilisateur pouvant légitimement accéder au système informatique, c'est-à-dire aux ressources, en fonction des droits d'accès qui lui ont été attribués.

☐ gestion de la sécurité informatique; sécurité logique

84. *file owner;*
data owner;
owner
propriétaire de fichier n.;
propriétaire de données n.;
détenteur de fichier n. m.;
détentrice de fichier n. f.

Personne nommément désignée, responsable de la gestion et de la protection d'un ou de plusieurs fichiers informatiques et habilitée à prendre toute décision concernant ce ou ces fichiers, en vue d'assurer leur intégrité et leur confidentialité.

Notes. — 1. Le mot *propriétaire*, dans l'expression *propriétaire de fichier*, n'est utilisé ni dans son sens général, ni dans son sens juridique. C'est pourquoi son emploi est parfois contesté et que l'on parle également, dans le milieu, de *détenteur de fichier*. Malgré ces réserves, *propriétaire* fait l'unanimité et est solidement implanté. Il s'agit d'un usage spécifique au milieu de la sécurité informatique.
2. Le propriétaire de fichier constitue une autorité.

☐ gestion de la sécurité informatique; sécurité logique

85. *computer audit;*
audit
vérification informatique n. f.
Terme à éviter : audit

Examen périodique d'un échantillon d'événements informatiques survenus pendant une période donnée à partir d'un certain nombre de postes utilisateurs dans une organisation, afin de détecter les erreurs ainsi que les comportements anormaux ou frauduleux.

V. a. **audit de sécurité informatique (6)**
☐ gestion de la sécurité informatique

86. *computer auditor;*
auditor
vérificateur informatique n. m.;
vérificatrice informatique n. f.

Personne chargée de faire la vérification informatique.

Note. — On parle de *vérificateur informatique interne* ou de *vérificateur informatique externe* selon que la personne fait partie du personnel de l'organisation soumise à la vérification informatique, ou qu'elle provient de l'extérieur.

V. a. **risque informatique (15)**
☐ gestion de la sécurité informatique

87. *auditability*
vérifiabilité n. f.

Propriété d'un système informatique qui permet la détection des anomalies et des opérations frauduleuses.

Note. — L'adjectif *vérifiable* se dit d'un système permettant aux responsables de la sécurité informatique et aux vérificateurs informatiques d'accomplir leur tâche à tous les niveaux de l'organisation du programme superviseur, des fichiers et du traitement des données.

☐ sécurité informatique

88. *journal;*
audit log;
log
journal n. m.

Relevé chronologique des opérations informatiques, constituant un historique de l'utilisation des programmes et des systèmes sur une période donnée.

Note. — Un système informatique comporte un grand nombre de journaux répondant à des objectifs différents. Le journal des mouvements, par exemple, permet de reconstituer la version antérieure ou en cours d'un fichier. D'autres journaux servent à produire une vérification informatique.

☐ gestion de la sécurité informatique

89. *journaling;*
logging
journalisation n. f.

Enregistrement dans un journal des opérations informatiques effectuées dans un système.

Note. — La journalisation permet de garder trace de certains événements en vue de vérifications ultérieures; elle permet également de reconstituer des informations et des traitements lors de la phase de restauration suivant habituellement une panne ou tout autre dysfonctionnement.

V. a. **fichier de vérification (92)**
☐ gestion de la sécurité informatique

90. *journalize, to*
journaliser v.

Enregistrer dans un journal les opérations informatiques effectuées dans un système.

☐ gestion de la sécurité informatique

91. *security audit trail;*
audit trail
piste de vérification n. f.;
piste de contrôle n. f.

Ensemble de données consignées dans un journal relatives aux opérations d'un système, lequel ensemble permet la reconstitution et l'examen exhaustif des séquences d'événements informatiques ayant mené à un résultat déterminé, en vue de la vérification informatique.

Note. — Les pistes de vérification ont pour premier objectif la détection et le pistage des anomalies de toute nature, erreurs ou actes malveillants, avec notamment la possibilité de refaire l'historique complet d'une transaction ou d'une opération, comme de savoir que la lecture de tel fichier

confidentiel a été faite par telle personne, à partir de tel endroit, à telle heure et tel jour. Son deuxième objectif est de conserver une preuve des transactions effectuées, lesquelles pourront être opposables à leurs auteurs, le cas échéant. Enfin, le troisième objectif des pistes de vérification est d'agir comme élément de dissuasion envers les agresseurs potentiels, qui risquent par ce procédé d'être découverts et poursuivis.

☐ gestion de la sécurité informatique

92. *audit-review file*
fichier de vérification n. m.;
fichier d'expertise n. m.

Fichier créé dans le but de fournir des données pour vérification ultérieure.

Note. — Les termes *fichier de vérification* et *journal* ne doivent pas être confondus. Le journal est nécessairement chronologique, en ce sens que les opérations effectuées y sont inscrites dans l'ordre de leur déroulement, ce qui permet le relevé de séquences d'événements informatiques. Le fichier, quant à lui, n'est pas nécessairement chronologique et ne sera jamais utilisé pour la reconstitution de séquences d'opérations.

☐ gestion de la sécurité informatique

93. *audit software*
logiciel de vérification n. m.

Logiciel spécialisé, utilisé pour la production d'une vérification informatique ou pour l'accomplissement de certaines fonctions reliées à celle-ci.

☐ gestion de la sécurité informatique

94. *compliance testing*
test de conformité n. m.;
sondage de conformité n. m.

Procédé de vérification prenant la forme de sondages, que le vérificateur informatique applique afin de déterminer si les contrôles qu'on lui a dit être en vigueur le sont effectivement.

☐ gestion de la sécurité informatique

95. *logical completeness measure*
mesure d'exhaustivité logique n. f.

Mesure permettant de déterminer si les mécanismes de sécurité et de contrôle d'accès logique mis en place satisfont à toutes les exigences prescrites ainsi qu'à un ensemble de spécifications précises en matière de sécurité informatique.

☐ gestion de la sécurité informatique;
sécurité logique

96. *programmed check;*
program check;
programmed control;
software control;
routine check
contrôle programmé n. m.

Contrôle intégré à un logiciel pour la vérification automatique du bon déroulement d'une opération informatique particulière.

☐ gestion de la sécurité informatique

97. *data validation*
validation de données n. f.

Opération servant à déterminer si des données sont exactes, complètes et vraisemblables, selon des critères préétablis.

Notes. — 1. La validation de données peut comprendre notamment des contrôles de format, des contrôles d'intégrité, des vérifications par clés de contrôle, des contrôles de vraisemblance et des contrôles de valeur limite.
2. La validation de données est la dernière étape des contrôles permettant de déterminer si les données sont à retenir ou à rejeter.

☐ gestion de la sécurité informatique

98. *validity check*
contrôle de validité n. m.

Contrôle indiquant que des données peuvent être considérées comme valides.

Note. — Tous les contrôles de validité sont des contrôles programmés.

☐ gestion de la sécurité informatique

99. *check key*
clé de contrôle n. f.;
indicatif de contrôle n. m.

Groupe de caractères dérivés d'une donnée et associés à celle-ci, de façon à en contrôler l'exactitude ou la vraisemblance.

☐ gestion de la sécurité informatique

100. *check character*
caractère de contrôle n. m.

Clé de contrôle constituée d'un seul caractère.

☐ gestion de la sécurité informatique

101. *batch header*
en-tête de lot n. m.

Caractère de commande employé comme premier caractère de l'en-tête d'un message, qui identifie un lot de documents d'entrée et définit éventuellement les cheminements ou les traitements qu'il doit subir.

☐ gestion de la sécurité informatique

102. *test*
essai n. m.;
test n. m.

Opération destinée à contrôler le bon fonctionnement d'un appareil ou la bonne exécution d'un programme dans son ensemble.

☐ gestion de la sécurité informatique

103. *acceptance test*
essai de réception n. m.;
essai de recette n. m.;
test de réception n. m.;
test de recette n. m.

Essai d'un matériel, d'un logiciel ou d'un ensemble matériel-logiciel après installation, effectué par l'acquéreur dans ses locaux avec la participation du fournisseur, afin de vérifier que les dispositions contractuelles ont été respectées.

☐ gestion de la sécurité informatique

104. *error-detecting code;*
error-detection code;
self-checking code
code détecteur d'erreurs n. m.;
code d'autocontrôle n. m.;
code de détection d'erreurs n. m.

Code dans lequel les structures de chaque caractère sont bâties de façon à reconnaître, et éventuellement repérer, les erreurs de transmission de données.

☐ sécurité informatique

105. *error-correcting code;*
error-correction code
code correcteur d'erreurs n. m.;
code autocorrecteur n. m.;
code d'autocorrection n. m.;
code de correction d'erreurs n. m.

Code détecteur d'erreurs permettant la correction des erreurs de transmission de données.

☐ sécurité informatique

106. *sequence check*
contrôle de séquence n. m.

Contrôle servant à vérifier si des articles se succèdent selon un ordre préétabli.

☐ gestion de la sécurité informatique

107. *format check*
contrôle de format n. m.;
contrôle de disposition n. m.

Contrôle servant à vérifier si les données respectent un format donné.

☐ gestion de la sécurité informatique

108. *completeness check;*
null-data check
contrôle d'intégralité n. m.;
contrôle de présence n. m.;
contrôle de complétude n. m.

Contrôle servant à vérifier l'existence de données dans toutes les zones qui ne doivent pas être vides.

☐ gestion de la sécurité informatique

109. *checksum*
total de contrôle n. m.;
somme de contrôle n. f.

Total calculé non pour sa valeur numérique intrinsèque, mais afin de vérifier la vraisemblance des données de contrôle qui ont servi à l'établir.

Note. — Ces données de contrôle sont soit des chiffres, soit d'autres caractères considérés comme des nombres au cours du calcul du total de contrôle.

☐ gestion de la sécurité informatique

110. *hash total*
total mêlé n. m.;
total factice n. m.;
total par tronçons n. m.;
pseudo-total n. m.

Total de contrôle obtenu par l'application d'un algorithme d'addition à un ensemble de données hétérogènes.

Note. — Les nombres à additionner sont des numéros de compte, des numéros de client, etc., et leur somme n'a aucune signification.

☐ gestion de la sécurité informatique

111. *summation check;*
sum check
contrôle par totalisation n. m.

Contrôle fondé sur la comparaison des totaux calculés à partir des mêmes données dans des circonstances différentes ou avec des représentations de données différentes, permettant ainsi de vérifier l'intégrité des données.

Note. — Dans le contrôle par totalisation, toute opération effectuée sur les composants d'une somme donne le même résultat que la même opération effectuée sur la somme des composants.

☐ gestion de la sécurité informatique

112. *batch balancing*
contrôle de concordance par lots n. m.;
mise en concordance par lots n. f.

Contrôle de l'équivalence entre le total des

données de contrôle ayant fait l'objet d'un traitement informatique et le total de contrôle déterminé d'avance.

☐ gestion de la sécurité informatique

113. *crossfooting check;*
crossfooting;
crossfoot
contrôle croisé n. m.;
contrôle par balance carrée n. m.

Contrôle dans lequel la somme des totaux des différentes colonnes est comparée à la somme des totaux des différentes rangées.

☐ gestion de la sécurité informatique

114. *reasonableness check;*
likelihood check
contrôle de vraisemblance n. m.

Contrôle servant à vérifier si les données ont, selon les critères habituels, des valeurs admissibles.

Note. — Le contrôle de vraisemblance permet de déterminer si une valeur est conforme à des critères définis; il peut, par exemple, prendre la forme d'un contrôle de cohérence entre deux ou plusieurs données, ou celle d'un contrôle par rapport à un état antérieur des données.

☐ gestion de la sécurité informatique

115. *limit check*
contrôle de valeur limite n. m.

Contrôle servant à vérifier si une valeur se trouve au-dessus ou au-dessous d'une limite ou, encore, si elle a atteint une limite stipulée.

Note. — Le contrôle par fourchette et le contrôle de dépassement de capacité sont des contrôles de valeur limite.

☐ gestion de la sécurité informatique

116. *overflow check*
contrôle de dépassement de capacité n. m.;
contrôle de débordement n. m.

Contrôle de valeur limite servant à détecter

si la représentation d'une donnée dépasse une longueur stipulée.

☐ gestion de la sécurité informatique

117. *range check*
contrôle par fourchette n. m.
Terme non retenu : contrôle des limites

Contrôle fondé sur la combinaison de deux contrôles de valeur limite, l'un portant sur une limite supérieure et l'autre, sur une limite inférieure.

Note. — Le terme *contrôle des limites*, parfois donné comme synonyme de *contrôle par fourchette*, n'a pas été retenu en raison de l'ambiguïté qu'il risque de créer avec *contrôle de valeur limite*.

☐ gestion de la sécurité informatique

118. *redundancy*
redondance n. f.

Adjonction aux données à transmettre, afin de vérifier leur fiabilité, d'un ou de plusieurs caractères calculés à partir de ces données à l'aide d'un algorithme particulier.

Note. — Les caractères sont dits *redondants* parce qu'ils ne portent aucunement le sens du message transmis.

☐ gestion de la sécurité informatique

119. *redundancy check;*
redundant check
contrôle par redondance n. m.

Contrôle fondé sur l'adjonction aux données d'un ou de plusieurs caractères supplémentaires, destiné à détecter les erreurs de transmission et à assurer la fiabilité des informations.

☐ gestion de la sécurité informatique

120. *cyclic redundancy check*
Abrév. *CRC*
contrôle par redondance cyclique n. m.
Abrév. **CRC;**
contrôle de redondance cyclique n. m.;
contrôle cyclique par redondance n. m.

Contrôle par redondance dans lequel les caractères supplémentaires sont produits par un algorithme cyclique.

Note. — Dans la définition, l'expression *algorithme cyclique* désigne un algorithme qui produit les caractères supplémentaires régulièrement, lorsqu'une opération, effectuée par le système, exige une vérification.

☐ gestion de la sécurité informatique

121. *parity check;*
odd-even check
contrôle de parité n. m.

Contrôle par redondance fondé sur l'utilisation d'un bit de parité ou d'imparité dont la valeur recalculée est comparée à la valeur d'origine, afin de détecter les erreurs de transmission.

Note. — Le contrôle de parité consiste à vérifier que le nombre de bits d'un mot est systématiquement pair ou impair suivant la parité choisie. On parle de *contrôle de parité* si le nombre des bits « 1 » de la représentation codée d'un caractère est pair, et de *contrôle d'imparité* si ce même nombre est impair.

☐ gestion de la sécurité informatique

122. *longitudinal parity check;*
longitudinal redundancy check
Abrév. *LRC;*
horizontal parity check;
horizontal check
contrôle de parité longitudinale n. m.;
contrôle de parité horizontale n. m.;
contrôle longitudinal n. m.

Contrôle de parité effectué sur une rangée de chiffres binaires appartenant à un ensemble formant une matrice.

Note. — Les données, groupées par blocs, sont suivies d'un caractère de contrôle qui en assure la vérification.

☐ gestion de la sécurité informatique

123. *transverse parity check;*
transverse redundancy check;
vertical redundancy check
Abrév. *VRC;*
vertical parity check;
vertical check
contrôle de parité transversale n. m.;
contrôle de parité verticale n. m.;
contrôle transversal n. m.

Contrôle de parité effectué sur une colonne de chiffres binaires appartenant à un ensemble formant une matrice.

☐ gestion de la sécurité informatique

Chapitre II

Sécurité physique

124. *physical security*
sécurité physique n. f.

Mise en vigueur d'un ensemble de mesures de sécurité informatique permettant d'assurer la sécurité des personnes dans un centre informatique, ainsi que la protection de l'environnement et des biens informatiques matériels contre toute forme de menace physique, accidentelle ou humaine.

Note. — La sécurité physique portera aussi bien sur le centre informatique lui-même et son périmètre, sur les bâtiments et locaux tels que bureaux, salles informatiques, locaux techniques, que sur les matériels de servitude (alimentation électrique, chauffage, climatisation, aération), sur l'équipement informatique (terminaux et micro-ordinateurs) et sur les supports informatiques tels que les disques, disquettes et bandes magnétiques, sans oublier les listages et la documentation. Bien qu'elle porte sur les biens informatiques matériels, la sécurité physique a pour objectif ultime la protection des biens informatiques immatériels. En regard, donc, des logiciels, données et programmes, les mesures de sécurité physique assurent une protection de premier niveau.

☐ gestion de la sécurité informatique;
sécurité physique

125. *access*
accès n. m.

Possibilité de pénétrer dans un centre informatique ou d'utiliser les ressources d'un système pour rechercher, obtenir ou traiter de l'information.

☐ sécurité physique; sécurité logique

126. *physical access*
accès physique n. m.

Accès à un lieu protégé et aux matériels qui s'y trouvent.

Note. — Lorsque l'accès physique ne fait l'objet d'aucune mesure de sécurité ou d'aucun contrôle particulier, on parle alors d'*accès libre*.

V. a. **contrôle d'accès physique (129)**
☐ sécurité physique

127. *access control;*
control of access
contrôle d'accès n. m.

Processus par lequel les données d'identification que fournit une personne ou toute autre entité sur elle-même pour avoir accès à un centre ou à un système informatiques sont comparées avec des valeurs de référence définies touchant cette entité, permettant ainsi l'autorisation ou le refus de l'accès demandé, qu'il soit physique ou logique.

Note. — Si l'accès physique ne peut être accordé qu'à des personnes, l'accès logique, lui, touchera aussi bien des personnes que d'autres entités, tel un système informatique.

☐ sécurité physique; sécurité logique

128. *access-control system*
système de contrôle d'accès n. m.;
système de sécurité d'accès n. m.

Ensemble de procédures de contrôle, de mesures administratives et de dispositifs physiques et logiques destinés à assurer la limitation de l'accès à des ressources informatiques protégées aux seules personnes ou autres entités autorisées.

V. a. **contrôle d'accès (127)**
□ sécurité physique; sécurité logique

129. *physical access control;*
admission control
contrôle d'accès physique n. m.;
contrôle d'admission n. m.

Contrôle d'accès à un lieu protégé et aux matériels qui s'y trouvent, de manière que les seules personnes dont la présence y est indispensable soient autorisées à y pénétrer.

Notes. — 1. Dans la définition, *lieu protégé* ne s'applique pas uniquement aux locaux informatiques, le contrôle d'accès physique ne pouvant, pour être étanche, correspondre à une vision aussi restrictive. Par exemple, déclencher un incendie dans un simple local de stockage de papier peut compromettre le fonctionnement d'un centre informatique. L'expression *lieu protégé* désigne donc tous les locaux (de même que leur issue) constituant des maillons dans la chaîne des moyens informatiques en général (local abritant l'entrée des lignes téléphoniques, bureaux des programmeurs et des utilisateurs, locaux abritant les blocs de climatisation, etc.).
2. Le contrôle d'accès physique fait appel à des supports matériels tels que les badges, barrières et verrous, les détecteurs d'intrusion, les sas, etc.

□ sécurité physique

130. *mantrap;*
lock chamber
sas n. m.

Cabine ou pièce limitée par deux portes à contrôle électronique ne pouvant s'ouvrir simultanément, placée en tampon entre une zone à sécurité nulle ou réduite et une zone à haute sécurité, et qui permet le contrôle d'accès physique.

Note. — La porte donnant accès à la zone à haute sécurité ne s'ouvre que si la première porte a été verrouillée, et que la personne voulant accéder à la zone protégée a satisfait à la vérification d'identité. Par le contrôle d'accès ainsi exercé, le sas permet d'assurer la sécurité physique d'un centre informatique.

□ sécurité physique

131. *biometrics*
biométrie n. f.

Analyse mathématique des caractéristiques biologiques d'une personne.

□ sécurité informatique

132. *biometric system*
système d'authentification biométrique n. m.;
système d'identification biométrique n. m.;
système de contrôle d'accès biométrique n. m.;
système de contrôle biométrique n. m.;
système biométrique n. m.

Dispositif connecté à un ordinateur, permettant de reconnaître, par le procédé de la biométrie, un utilisateur qui désire avoir accès à un centre ou à un système informatiques.

Notes. — 1. Les systèmes d'authentification biométriques sont de plus en plus utilisés en sécurité informatique. Ces systèmes permettent de renforcer la surveillance de l'accès à des centres de traitement hautement protégés ou à des données très sensibles, la reconnaissance des caractéristiques physiques uniques de chaque utilisateur favorisant en effet la mise en place de contrôles plus efficaces que ceux qui sont assurés par les seuls mots de passe. C'est pourquoi on parle de plus en plus de *contrôle d'accès biométrique*. En regard de l'accès logique, ces systèmes trouvent déjà des applications telles que le paiement électronique ou l'accès à des services à distance.
2. Les systèmes d'authentification biométriques contrôlent généralement un seul paramètre biométrique de la personne : empreintes vocales, digitales, palmaires

ou rétiniennes, etc. On appelle *système multibiométrique* un système d'authentification biométrique qui rassemble, sur chaque utilisateur, plusieurs caractères biométriques. Un tel système fonctionne de deux manières différentes : soit chaque personne est authentifiée à l'aide du caractère biométrique qui lui est le plus adapté, c'est-à-dire celui qui présente la meilleure stabilité, soit le système demande aléatoirement à la personne de présenter un de ses caractères biométriques parmi l'ensemble de ceux qu'il gère.
3. Les systèmes d'authentification biométriques exigent d'abord la conversion de données provenant du monde extérieur, comme la lumière ou le son, en informations compréhensibles par l'ordinateur. Pour une empreinte digitale, par exemple, l'ordinateur analyse l'empreinte numérisée par l'intermédiaire d'un algorithme spécifique, et puise dans sa mémoire pour fournir des empreintes se rapprochant le plus de la configuration à analyser.
4. Les notions d'« identification » et d'« authentification » sont fondamentales (et par ailleurs tout à fait différentes) en sécurité informatique, comme le sont celles d'« identifiant » et d'« authentifiant ». Toutefois, dans les systèmes d'authentification biométriques, l'identification et l'authentification se confondent pour ainsi dire, puisque la personne qui décline son identité le fait en présentant non pas une carte informatique ou un code utilisateur pouvant ne pas lui appartenir, mais bien un caractère biométrique qui lui est unique et donc, qui se trouve à l'authentifier en même temps qu'à l'identifier. C'est pourquoi le terme *système d'identification biométrique* est un synonyme acceptable de *système d'authentification biométrique*.

☐ sécurité physique; sécurité logique

133. *badge;*
   card
badge n. m.;
carte n. f.

Support informatif codé permettant d'identifier l'utilisateur auquel il appartient, et pouvant être exploité par une machine pour l'accès à des locaux ou à un système informatiques.

Note. — *Carte* est un terme très général s'appliquant à un grand nombre de réalités en informatique. C'est pourquoi on lui a préféré le terme *badge*, plus spécifique, que l'on trouve recensé dans des ouvrages d'informatique récents. Le badge est généralement en plastique ou en papier plastifié, et peut contenir une photographie ou une autre information, en plus de celles qui sont codées.

☐ sécurité physique; sécurité logique

134. *badge reader;*
   badge reading terminal;
   card reader
lecteur de badges n. m.;
lecteur de cartes n. m.

Appareil spécial conçu pour lire les informations codées dans les badges.

☐ sécurité physique; sécurité logique

135. *natural disaster;*
   natural hazard;
   act of God
catastrophe naturelle n. f.;
événement naturel n. m.
Terme à éviter : acte de Dieu

Phénomène extraordinaire et imprévisible de la nature ne pouvant être empêché, et qui peut entraîner la destruction partielle ou totale des matériels et des supports informatiques, de même que leur environnement.

Note. — L'expression *acte de Dieu* est une traduction littérale de la forme anglaise *act of God.*

☐ sécurité physique

136. *water damage*
dégât des eaux n. m.

Sinistre causé par la présence accidentelle d'eau dans une salle informatique, et qui peut entraîner la détérioration des matériels.

Note. — Le dégât des eaux est un sinistre assez mal connu, car on le confond très souvent avec l'inondation. En fait, les sinistres par dégât des eaux sont dus, dans la plupart des cas, à des ruptures de conduites d'eau, à des inondations consécutives à un mauvais écoulement des eaux de pluie, quelquefois aussi à l'extinction d'un incendie dans les étages supérieurs d'un immeuble.

☐ sécurité physique

137. *head crash;*
disk crash
écrasement de tête n. m.;
atterrissage de tête n. m.;
accident de tête n. m.

Contact accidentel d'une tête de lecture avec la surface d'un disque dur en rotation, lequel se traduit en général par la perte totale des données.

Note. — La tête de lecture flotte normalement juste au-dessus de la surface du disque dur. Lorsqu'elle s'y écrase accidentellement en raison d'une défaillance mécanique, de la présence de poussières ou d'un mouvement trop brusque imposé au disque, elle creuse un sillon sur la piste affectée, et les poussières qui en résultent détruisent à leur tour les autres pistes du disque. La surface magnétique du support se trouvant entièrement rayée, il s'ensuit une destruction de toutes les données stockées. Le disque dur doit alors être remplacé.

☐ sécurité physique

138. *remote monitoring;*
remote supervision
télésurveillance n. f.;
surveillance à distance n. f.

Surveillance, à partir d'une station éloignée, des différentes alarmes d'un local informatique, afin d'en assurer la sécurité physique.

Notes. — 1. La télésurveillance s'exerce pour l'incendie, l'inondation, les variations de température, les fluctuations de l'alimentation électrique, l'intrusion et l'accès physique.
2. Le terme *télésécurité* désigne l'ensemble des techniques de prévention, de contrôle et de protection d'un site à distance.

☐ sécurité physique

139. *remote support*
téléassistance n. f.

Contrôle à distance d'un local informatique par des alarmes simples, avec mise en liaison téléphonique immédiate en cas d'incident ou d'agression.

☐ sécurité physique

140. *remote maintenance*
télémaintenance n. f.

Maintenance à distance, par liaison téléphonique, des installations informatiques, lesquelles comprennent aussi bien le logiciel que le matériel.

Note. — La télémaintenance comprend les tests périodiques de vérification, le télédiagnostic, le dépannage et la remise en état des unités défaillantes.

V. a. **maintenabilité (81)**
☐ sécurité informatique

141. *detector*
détecteur n. m.

Dispositif qui permet de signaler, par le déclenchement d'une alarme, une action suspecte ou un phénomène anormal exigeant une réaction immédiate pour assurer la sécurité physique d'un local informatique.

Note. — Les détecteurs se classent en plusieurs groupes selon le phénomène détecté : détecteurs de chocs, de vibrations, de passage, d'ouverture, de mouvements, de fumée, de chaleur, d'eau, d'humidité, etc.

☐ sécurité physique

142. *smoke detector*
détecteur de fumée n. m.

Détecteur sensible aux particules d'un corps en combustion ou porté à haute température dans un local informatique.

Note. — Il existe des détecteurs de fumée optiques et des détecteurs de fumée ioniques. Les détecteurs optiques sont sensibles à la fumée elle-même, alors que les détecteurs ioniques sont sensibles aux ions émis par la combustion.

☐ sécurité physique

143. *heat detector*
détecteur thermique n. m.;
détecteur de chaleur n. m.

Détecteur sensible à une variation anormale de température dans un local informatique.

☐ sécurité physique

144. *intrusion detector*
détecteur d'intrusion n. m.

Détecteur qui donne l'alerte dès qu'une personne tente de pénétrer dans un local informatique protégé.

Note. — Il existe des détecteurs d'intrusion volumétriques et des détecteurs d'intrusion périmétriques. Les détecteurs volumétriques repèrent et signalent la présence d'une personne n'importe où à l'intérieur d'une zone donnée qui fait l'objet d'une surveillance; les détecteurs périmétriques surveillent les accès tels que portes et fenêtres.

☐ sécurité physique

145. *motion detector*
détecteur de mouvements n. m.

Détecteur d'intrusion qui analyse la variation de fréquence d'un train d'ondes électromagnétiques réfléchi par un corps en mouvement.

☐ sécurité physique

146. *passive infra-red detector*
Abrév. *PIR detector*
détecteur infrarouge passif n. m.

Détecteur d'intrusion sensible au rayonnement infrarouge émis par un corps.

☐ sécurité physique

147. *water sprinkler;*
sprinkler
gicleur n. m.;
tête d'extincteur n. f.
Termes à éviter : sprinkler;
sprinkleur

Dispositif fixe sensible à la chaleur et relié à une canalisation d'eau, qui libère à une température donnée un flux d'eau sur un foyer d'incendie.

Notes. — 1. Le terme *gicleur* a été recommandé par l'Office de la langue française. 2. L'emprunt francisé *sprinkleur* n'est pas plus justifié que l'emprunt intégral *sprinkler*, le terme proposé *gicleur* étant déjà bien implanté au Québec, aussi bien dans la langue générale que dans le vocabulaire spécialisé.

☐ sécurité physique

148. *firewall*
mur coupe-feu n. m.
Terme à éviter : mur ignifuge

Mur incombustible destiné à retarder la propagation des flammes et qui, dans un centre informatique, sépare les salles d'ordinateurs des locaux attenants.

Notes. — 1. Bien qu'elle soit nécessaire, l'installation d'un mur coupe-feu ne suffit pas pour garantir une bonne protection des matériels informatiques, car la plupart de ceux-ci se détériorent à haute température. À 65° Celsius, par exemple, les informations sur supports magnétiques sont difficiles à lire ou détruites. Au cours d'un incendie, cette température est atteinte dans les cinq premières minutes. Un mur coupe-feu peut protéger d'un feu extérieur pendant sa durée coupe-feu, mais ne peut aucunement empêcher l'élévation de température à l'intérieur.

2. L'adjectif *ignifuge* signifie « propre à rendre ininflammable les objets naturellement combustibles ». On ne l'emploiera donc pas pour qualifier un mur, une cloison ou une porte, puisqu'il ne se dit que d'une substance.

☐ sécurité physique

149. *self-closing fire door*
porte automatique coupe-feu n. f.;
porte coupe-feu n. f.
Terme à éviter : porte ignifuge

Porte étanche équipée d'un dispositif de fermeture automatique qui se déclenche lors d'un incendie, et destinée à retarder la propagation des flammes.

Note. — On parle souvent de *porte coupe-feu* pour désigner la porte automatique coupe-feu.

V. a. **mur coupe-feu (148)**
☐ sécurité physique

150. *insulated filing equipment*
meuble réfractaire n. m.
Terme à éviter : meuble ignifuge

Meuble de rangement résistant à la chaleur et où sont entreposés les documents et supports informatiques stratégiques, afin de les protéger de la destruction lors d'un incendie.

Notes. — 1. Le meuble réfractaire peut être un coffre ou une armoire. C'est pourquoi, dans la documentation, on trouve des expressions telles que *armoire ignifugée* ou *armoire-forte antifeu, coffre (de sécurité) antifeu*, etc. Certains fabricants offrent même des salles modulaires ignifugées, également pour le stockage des données informatiques. Se plaçant à l'intérieur de locaux neufs ou existants, ces espaces de stockage sont faits sur mesure. Les panneaux modulaires boulonnés assurent une parfaite étanchéité aux vapeurs, aux gaz et à l'eau.
2. L'expression *meuble ignifuge* est fautive. L'adjectif *ignifuge* ne qualifie que des substances qui rendent ininflammables les objets naturellement combustibles. L'ad-

jectif *ignifugé* désigne, lui, un objet quelconque (coffre, armoire, porte, cloison, etc.) rendu ininflammable parce qu'on l'a enduit (ou imprégné) d'une substance ignifuge. On parlera donc de *meuble ignifugé*, et non de *meuble ignifuge*.

☐ sécurité physique

151. *power generator;*
power unit
groupe électrogène n. m.

Ensemble autonome comprenant un moteur à explosion et une génératrice, lequel alimente les ordinateurs en courant électrique en cas de panne de réseau.

☐ sécurité physique

152. *uninterruptable power supply*
Abrév. *UPS;*
uninterruptable power source;
uninterruptable power system;
UPS system
système d'alimentation sans coupure n. m.;
alimentation sans coupure n. f.;
alimentation permanente n. f.;
alimentation non interruptible n. f.;
onduleur UPS n. m.
Terme à éviter : alimentation ininterruptible

Équipement combinant un redresseur, une batterie de secours et un onduleur, qui assure une alimentation électrique constante aux ordinateurs, y compris en cas de panne de secteur.

Notes. — 1. Les services informatiques sont d'autant plus exigeants sur la qualité de leur alimentation électrique qu'ils doivent assurer un service continu sans perte de données, d'où une installation plus ou moins lourde selon l'importance du centre pour pallier les différents défauts : fluctuations, coupures franches et microcoupures, parasites, variations de fréquence.
2. Le terme *système d'alimentation sans coupure* est peu attesté dans la documentation écrite. La plupart du temps, ce sont les expressions *alimentation sans coupure* et *alimentation permanente* que l'on trouve

pour désigner la réalité décrite en définition. Il est toutefois inusité que le mot *alimentation* puisse désigner un équipement. C'est pourquoi *système d'alimentation sans coupure* a été préféré ici. Les autres termes, en raison de leur consécration dans l'usage, sont des synonymes acceptés.
3. L'expression *alimentation ininterruptible* est fautive; l'adjectif *ininterruptible* n'est pas répertorié en français.

□ sécurité physique

153. *battery backup unit;*
backup battery
batterie de secours n. f.

Source d'énergie temporaire destinée à pallier une rupture d'alimentation électrique, le temps nécessaire soit à la sauvegarde des informations, soit à la mise en route d'un groupe électrogène.

□ sécurité physique

154. *uninterruptable power supply*
Abrév. *UPS*
onduleur n. m.

Appareil qui assure en permanence la régulation du courant électrique alimentant les ordinateurs, et qui protège ceux-ci des microcoupures, surtensions et creux de tension.

□ sécurité physique

155. *surge suppressor;*
surge protector
parasurtenseur n. m.;
éliminateur de surtension n. m.

Dispositif comprenant un écrêteur de surtension et un filtre de signaux électriques parasites, permettant d'éviter la corruption des données ou l'endommagement des ordinateurs.

Note. — Le parasurtenseur se présente, en général, sous la forme d'une rallonge à prises multiples.

□ sécurité physique

156. *static electricity*
électricité statique n. f.

Électricité produite par frottement et dont la décharge peut endommager un ordinateur.

Note. — On peut remédier à ce problème en augmentant le taux d'humidité dans la salle d'ordinateur.

□ sécurité physique

157. *power surge;*
surge;
overvoltage
surtension n. f.

Brusque pointe de courant sur le réseau électrique, qui peut endommager un ordinateur.

□ sécurité physique

158. *voltage regulator*
régulateur de tension n. m.;
régulateur de voltage n. m.

Dispositif permettant de maintenir une tension de sortie constante, quelles que soient les variations de la tension d'entrée.

□ sécurité physique

159. *Faraday cage;*
Faraday screen;
Faraday shield
cage de Faraday n. f.;
salle faradisée n. f.

Enceinte ou pièce dont le revêtement intérieur empêche les ondes électromagnétiques émises par l'équipement informatique en exploitation d'être captées à l'extérieur et qui, inversement, permet d'isoler le même équipement des champs électromagnétiques extérieurs.

Note. — *Faradiser* signifie « transformer en cage de Faraday ».

□ sécurité informatique

160. *false ceiling*
faux-plafond n. m.

Paroi horizontale placée sous le plafond d'une salle d'ordinateurs, notamment pour faciliter la circulation ou l'évacuation d'air.

☐ sécurité physique

161. *raised floor;*
false floor;
elevated floor
faux-plancher n. m.

Plancher surélevé fait de dalles mobiles juxtaposées, sous lequel est installé notamment le câblage des appareils.

☐ sécurité physique

Chapitre III

Sécurité logique

162. *logical security*
sécurité logique n. f.

Mise en vigueur d'un ensemble de mesures de sécurité informatique permettant d'assurer la confidentialité et l'intégrité des biens informatiques immatériels et des opérations informatiques, et de les protéger contre toute forme de menace accidentelle ou humaine.

Note. — Dans la définition, l'expression *biens informatiques immatériels* désigne les logiciels, les données et les réseaux.

☐ gestion de la sécurité informatique; sécurité logique

163. *hardware security;*
hardware protection;
hardware safeguards
protection par le matériel n. f.

Ensemble de mécanismes et de dispositifs incorporés au matériel, qui protègent le système informatique ainsi que le traitement des données contre les tentatives illicites d'accès et les pannes.

☐ sécurité informatique

164. *software security*
protection par le logiciel n. f.

Ensemble de mécanismes et de dispositifs incorporés au logiciel, qui protègent le système informatique ainsi que le traitement des données contre les tentatives illicites d'accès.

☐ sécurité informatique

165. *access to computer data*
accès logique n. m.

Accès aux biens informatiques immatériels protégés.

Note. — Le terme *accès classique*, peu utilisé, correspond à un accès sans restriction particulière; le droit d'accès concerne alors une application déterminée, un fichier ou une zone d'un support magnétique (d'un disque, par exemple).

V. a. **sécurité logique (162)**
☐ sécurité logique

166. *read access*
accès en lecture n. m.

Permission accordée à une personne ou à toute autre entité de prendre connaissance des données stockées dans un fichier informatique.

V. a. **contrôle d'accès (127)**
☐ sécurité logique

167. *write access*
accès en écriture n. m.

Permission accordée à une personne ou à toute autre entité d'ajouter, de modifier et de détruire des données stockées dans un fichier informatique.

V. a. **contrôle d'accès (127)**
☐ sécurité logique

168. *logical access control*
contrôle d'accès logique n. m.

Contrôle d'accès aux biens informatiques immatériels protégés, de manière que seules puissent entrer en communication les entités dûment autorisées et authentifiées, en fonction du caractère et des conditions de l'accès qu'elles demandent ainsi que des droits d'accès qui leur ont été attribués.

Note. — Le contrôle d'accès logique repose notamment sur l'utilisation de mots de passe, de logiciels de contrôle d'accès, etc.

V. a. **sécurité logique (162)**
☐ sécurité logique

169. *discretionary access control*
Abrév. *DAC;*
discretionary security
contrôle d'accès discrétionnaire n. m.;
sécurité discrétionnaire n. f.

Contrôle d'accès logique s'exerçant en fonction de la seule identité des sujets, à la discrétion du propriétaire de fichier, lequel a toute autorité sur ce fichier pour en autoriser l'accès et délivrer des habilitations.

Notes. — 1. L'accès discrétionnaire ne s'exerce pas sur la base du niveau de sensibilité des objets, et correspond donc à un niveau de sécurité minimal.
2. L'accès discrétionnaire donne lieu à ce que l'on appelle une habilitation mononiveau. Dans ce type d'habilitation, l'autorisation d'accès est accordée par le système si le droit d'accès à l'objet spécifique existe pour le demandeur.

☐ sécurité logique

170. *mandatory access control*
Abrév. *MAC;*
non-discretionary access control
contrôle d'accès non discrétionnaire n. m.

Contrôle d'accès logique s'exerçant en fonction du seul niveau de sensibilité de l'information, indépendamment du propriétaire de fichier.

Notes. — 1. Le contrôle d'accès non discrétionnaire ne s'exerce pas sur la base de l'identité des sujets, mais en fonction des seuls droits d'accès de ceux-ci pour chaque objet classifié.

2. Le contrôle d'accès non discrétionnaire donne lieu à ce que l'on appelle une habilitation multiniveau, beaucoup plus sévère que l'habilitation mononiveau délivrée dans le cas d'un contrôle d'accès discrétionnaire. L'habilitation multiniveau exige en effet l'appartenance à une certaine classe d'utilisateurs. Plus précisément, des niveaux d'habilitation sont définis pour les sujets, et des niveaux de classification sont établis pour les objets. Un utilisateur ne pourra obtenir un droit d'accès à une ressource que si son niveau d'habilitation est compatible avec la classification de la ressource. La gestion des accès logiques dans un tel système est habituellement sous la responsabilité de l'administrateur de la sécurité informatique, lequel détient une autorité plus grande que le propriétaire de fichier. Ce dernier n'a plus d'autorité sur son fichier et ne peut donc en permettre l'accès à d'autres sujets.

☐ sécurité logique

171. *access right*
droit d'accès n. m.

Droit accordé à une personne ou à toute autre entité d'avoir accès à des données ou programmes déterminés et de les exploiter d'une façon particulière.

Note. — Les termes *droit d'accès* et *privilège d'accès* ne sont pas synonymes. En effet, alors que les droits d'accès sont attribués à de simples utilisateurs, le privilège d'accès est réservé à une autorité, c'est-à-dire à une entité exerçant des responsabilités importantes relativement à la protection et à la gestion des systèmes d'information (par exemple, la gestion des listes de droits d'accès).

V. a. **contrôle d'accès (127)**
☐ sécurité logique

172. *least privilege*
droit d'accès minimal n. m.
Terme non retenu : privilège minimum

Droit d'accès restreint de manière que l'utilisateur puisse n'accomplir avec celui-ci que les seules tâches autorisées et nécessaires à l'exercice de ses fonctions.

Note. — Le terme *droit d'accès minimal* est une proposition du Comité. Il a été préféré à *privilège minimum*, terme recensé dans un seul ouvrage. Le privilège d'accès étant autre chose qu'un simple droit attribué à un utilisateur, le syntagme *privilège minimum* risque d'entraîner une certaine confusion.

☐ sécurité logique

173. *clearance;*
access permission
habilitation n. f.;
permis d'accès n. m.

Ensemble des droits d'accès d'un utilisateur, relatif à des données ou programmes spécifiques.

Notes. — 1. Le terme *habilitation* désigne également l'attribution des droits d'accès. En ce sens, il est synonyme d'*autorisation*. 2. Le terme *permis d'accès* est très peu usité.

☐ sécurité logique

174. *need-to-know*
besoin de connaître n. m.

Nécessité où se trouve un utilisateur de connaître ou posséder certaines données sensibles pour accomplir les tâches qui lui ont été assignées.

Note. — Le terme *besoin de connaître* est peu utilisé en français dans le milieu de la sécurité informatique, bien que la notion que recouvre ce terme y soit bien connue. La plupart du temps, celle-ci est rendue par une périphrase.

☐ sécurité logique

175. *access-control list;*
access list;
access authorization table;
authorization table
liste des droits d'accès n. f.;
liste de contrôle d'accès n. f.;
table des droits d'accès n. f.;
liste d'accès n. f.

Liste des personnes ou autres entités autorisées, ainsi que de leurs droits d'accès à chaque ressource.

Note. — La liste des droits d'accès peut être structurée à volonté et se trouve enregistrée dans le système qui fait les vérifications nécessaires à chaque tentative ou demande d'accès aux données.

V. a. **contrôle d'accès (127)**
☐ sécurité logique

176. *access matrix*
matrice des droits d'accès n. f.;
matrice d'accès n. f.

Représentation matricielle des droits d'accès attribués, dans une organisation, à un ensemble de sujets pour chaque objet protégé d'un système informatique, les sujets figurant en abscisse, les objets en ordonnée, et les droits d'accès des premiers sur les seconds, aux points d'intersection des abscisses et des ordonnées.

☐ sécurité logique

177. *access period*
période d'accès n. f.

Période pendant laquelle une personne ou toute autre entité peut faire usage de ses droits d'accès.

Note. — Il peut s'agir d'heures déterminées pendant le jour, des seuls jours ouvrables, de certains jours ouvrables pendant la semaine, etc.

V. a. **contrôle d'accès (127)**
☐ sécurité logique

178. *access authorization;*
access permission;
access grant;
authorization
autorisation d'accès n. f.;
permission d'accès n. f.

Permission donnée par le système à une personne ou à toute autre entité dûment authentifiée, d'accéder à des données et de procéder à des opérations informatiques en fonction des droits d'accès qui lui ont été préalablement attribués.

Note. — L'autorisation d'accès à un objet est accordée à un sujet si celui-ci s'est identifié et a été authentifié, et si l'accès demandé figure dans ses droits d'accès.

V. a. **contrôle d'accès (127)**
☐ sécurité logique

179. *interdiction*
refus d'accès n. m.

Fait, pour une personne ou pour toute autre entité, d'être empêchée par le système d'accéder à des données ou programmes spécifiques, soit parce que sa demande d'accès n'est pas compatible avec les droits qui lui ont été attribués, soit parce qu'elle ne s'est pas conformée à la procédure d'accès.

V. a. **contrôle d'accès (127)**
☐ sécurité logique

180. *denial of service*
refus de service n. m.;
déni de service n. m.

Refus ou impossibilité d'accès aux ressources autorisées d'un système informatique, malgré que le sujet se soit conformé à la procédure d'accès.

☐ sécurité informatique

181. *log-on procedure*
procédure d'accès n. f.

Procédure de sécurité informatique qui permet d'obtenir l'accès au système informatique, et comportant l'identification et l'authentification de l'utilisateur.

☐ sécurité logique

182. *identification*
identification n. f.

Opération qui consiste, pour une personne ou pour toute autre entité demandant l'accès au système informatique, à communiquer à ce dernier l'identité dont elle se réclame.

Note. — Dans le sens donné en définition, l'identification s'effectue notamment par la saisie d'un code utilisateur; il s'agit soit d'un nom, soit d'un numéro spécifique à l'entité.

V. a. **contrôle d'accès (127)**
☐ sécurité logique

183. *identifier*
identifiant n. m.

Information associée à une personne ou à toute autre entité, connue de celle-ci ou contenue sur une carte informatique dont elle est la détentrice, et qui permet son identification.

Note. — À titre d'exemples, la carte informatique servant aux transactions bancaires par guichet automatique ainsi que le code utilisateur sont des identifiants. Ils sont respectivement couplés, la plupart du temps, à un numéro d'identification personnel (NIP) et à un mot de passe, lesquels sont des authentifiants.

V. a. **contrôle d'accès (127)**
☐ sécurité logique

184. *user identification code;*
user ID;
personal identifier
code utilisateur n. m.;
code d'identification n. m.
Terme à éviter : user-id

Identifiant prenant la forme d'un code alphanumérique unique attribué à un utilisateur ou à toute autre entité, et pouvant être connu d'autres accédants potentiels au système informatique.

Notes. — 1. Le code utilisateur permet uniquement de distinguer un utilisateur d'un autre et ne donne pas accès au système informatique.
2. Le code utilisateur (généralement public) est couplé à un mot de passe (toujours secret) pour former la clé d'accès à un système informatique.

V. a. **contrôle d'accès (127)**
☐ sécurité logique

185. *authentication*
authentification n. f.

Processus permettant de vérifier l'identité déclarée d'une personne ou de toute autre entité, ou de garantir l'origine et l'intégrité des messages transitant dans un réseau.

Note. — Il est pléonastique de parler d'*authentification de l'identité*, lorsque l'authentification a trait spécifiquement à la confirmation de l'identité d'un utilisateur.

V. a. **contrôle d'accès (127)**
☐ sécurité logique

186. *authentication information;*
authentication data;
authenticator
authentifiant n. m.;
authentifieur n. m.;
information d'authentification n. f.

Information unique et confidentielle détenue par une personne ou par toute autre entité, et permettant son authentification.

Note. — Le mot de passe et le numéro d'identification personnel (NIP) sont des authentifiants.

V. a. **contrôle d'accès (127)**
☐ sécurité logique

187. *personal identification number*
Abrév. *PIN;*
personal identity number
numéro d'identification personnel n. m.
Abrév. **NIP;**
code confidentiel n. m.;
code secret n. m.;
numéro secret n. m.;
code personnel n. m.

Authentifiant prenant la forme d'un code numérique et attribué à un utilisateur, permettant à ce dernier d'obtenir l'accès à un ordinateur en ligne et d'y effectuer l'opération désirée.

Notes. — 1. Le numéro d'identification personnel est couplé à une carte informatique, laquelle permet d'établir l'identité de l'utilisateur.

2. La combinaison carte informatique-NIP est une application grand public répandue notamment dans le domaine bancaire.

☐ sécurité logique

188. *password*
mot de passe n. m.

Authentifiant prenant la forme d'une chaîne de caractères, et attribué à une personne ou à toute autre entité.

Notes. — 1. Le mot de passe peut être couplé notamment à un code utilisateur, une carte informatique ou un badge.
2. Par opposition à la combinaison carte informatique-NIP, la combinaison code utilisateur-mot de passe est mise en application à l'intérieur d'une organisation, d'un réseau informatique.

V. a. **contrôle d'accès (127)**
☐ sécurité logique

189. *random password*
mot de passe aléatoire n. m.

Mot de passe produit par un algorithme et dont la composition est le résultat du hasard.

☐ sécurité logique

190. *one-time password;*
once-only password
mot de passe à usage unique n. m.

Mot de passe ne pouvant être utilisé qu'une seule fois et dont, en conséquence, la validité devient nulle après usage.

☐ sécurité logique

191. *time-dependant password*
mot de passe dépendant du temps n. m.

Mot de passe qui n'est valide qu'à certains moments précis ou pendant une période déterminée.

☐ sécurité logique

192. *protection key*
clé d'accès n. f.

Ensemble organisé d'informations déterminées selon des règles discrètes, lequel donne accès au système informatique, à des données ou fichiers protégés, et qui permet l'exécution de certains travaux.

Note. — La plupart du temps, la clé d'accès est composée d'un identifiant et d'un authentifiant couplés l'un à l'autre. Le couple identifiant-authentifiant appelé *clé d'accès* peut être formé, entre autres, soit d'un code utilisateur et d'un mot de passe, soit d'une carte informatique et d'une information secrète connue du détenteur de cette carte (ex. : une carte à pistes magnétiques utilisée pour les retraits au distributeur automatique de billets et un numéro d'identification personnel (NIP); une carte à microprocesseur et un mot de passe).

☐ sécurité logique

193. *user authentication*
authentification de l'utilisateur n. f.

Processus d'authentification relatif à la validation de l'identité déclarée d'une personne.

Notes. — 1. Le plus souvent, le terme *authentification*, employé absolument, désigne l'authentification de l'utilisateur. L'expression proposée ici peut toutefois s'avérer utile lorsqu'il faut distinguer, dans certains contextes, ce type d'authentification de l'authentification de message.
2. L'authentification d'un utilisateur peut être basée sur trois éléments fondamentaux, lesquels sont appelés *authentifiants* :
a) ce que la personne est seule à savoir, par exemple un mot de passe ou un algorithme;
b) ce que la personne possède et qu'elle est donc seule à pouvoir fournir, par exemple un jeton (carte à microprocesseur, badge);
c) ce que la personne est : il s'agit ici d'attributs biométriques (empreintes digitales, forme de la main, etc.). On parle alors d'*authentification biométrique*.

☐ sécurité logique

194. *authentication exchange;*
handshaking procedure;
handshaking
échange d'authentification n. m.

Mécanisme destiné à authentifier une entité par échange d'informations entre cette dernière et l'entité correspondante.

☐ sécurité logique

195. *one-way authentication*
authentification unidirectionnelle n. f.;
authentification unilatérale n. f.

Authentification d'une seule des deux entités en communication.

☐ sécurité logique

196. *two-way authentication*
authentification mutuelle n. f.;
reconnaissance mutuelle n. f.;
authentification réciproque n. f.

Authentification à laquelle se soumettent les deux entités en communication.

Note. — Dans des systèmes distribués, interconnectés par des réseaux, le premier principe est qu'on ne peut être sûr du correspondant, qu'il s'agisse d'une personne ou d'une autre entité, telle une application informatique résidant sur une machine dont l'identité est douteuse. La règle générale est donc que les entités en présence ne se font pas spontanément confiance, et chacune doit pouvoir prouver son identité à l'autre, avant que le dialogue puisse s'établir. Dans un processus d'authentification mutuelle, chaque correspondant s'assure ainsi de l'identité de l'autre.

☐ sécurité logique

197. *continuous authentication*
authentification continue n. f.

Authentification reprise périodiquement ou aléatoirement pendant la session, de manière que le correspondant fasse la preuve qu'aucune autre entité ne s'est substituée à elle au cours de l'échange.

☐ sécurité logique

198. *zero knowledge proof*
preuve à connaissance nulle n. f.;
preuve interactive sans révélation n. f.

Authentifiant dont il n'est rien révélé au cours du processus d'authentification, mais dont la validité est néanmoins prouvée de manière irréfutable.

Note. — On désigne par les termes *authentification à apport de connaissance nulle* et *authentification à apport nul de connaissance* un protocole d'authentification fondé sur l'utilisation d'une preuve à connaissance nulle. L'authentification à apport de connaissance nulle permet de prouver que l'on détient un secret ayant valeur d'authentifiant, sans en révéler la moindre parcelle. Des réponses correctes à une suite de questions permettent d'acquérir cette conviction que l'interlocuteur détient le secret, sans que rien dans le dialogue ne fournisse la moindre information sur celui-ci. L'authentifiant étant vérifié et validé sans être révélé, il n'y a plus de risque que quelqu'un puisse l'intercepter au cours de l'échange.

☐ sécurité logique

199. *peer-entity authentication*
authentification de l'entité homologue n. f.;
authentification du correspondant n. f.

Service permettant d'obtenir l'assurance que l'entité communicante est bien celle qui a été déclarée.

Note. — Lorsqu'il y a plus de deux entités communiquant les unes avec les autres, on parlera d'*authentification des correspondants* ou d'*authentification des entités communicantes*.

☐ sécurité logique

200. *data origin authentication*
authentification de l'origine des données n. f.;
authentification de l'origine n. f.

Service permettant d'obtenir l'assurance que l'émetteur des données est bien celui qui a été sollicité par les entités communicantes.

☐ sécurité logique

201. *integrity locking;*
spray paint
scellement n. m.;
verrouillage n. m.

Action qui consiste à adjoindre à un message à transmettre un sceau électronique permettant de garantir l'origine et l'intégrité de ce message.

Note. — Le contrôle d'intégrité s'effectue à l'arrivée du message, d'abord par recalcul du sceau à la réception, puis par comparaison de ce dernier avec le sceau obtenu lors de l'émission. S'il y a concordance dans le résultat de ces deux opérations, le destinataire est alors assuré que le message reçu correspond à ce que l'expéditeur avait envoyé, et qu'il n'y a donc pas eu falsification au cours de la transmission. Toute modification du message sans modification correspondante du sceau électronique introduit une incohérence qui est immédiatement détectée lors de l'opération de recalcul à l'arrivée, et le message est alors considéré non valide, le scellement n'étant possible, en principe, que pour les entités autorisées.

☐ sécurité logique

202. *authenticator;*
integrity lock
sceau électronique n. m.;
verrou n. m.

Bloc de données dont le contenu est le résultat d'un calcul complexe réalisé à partir d'un message à transmettre, qui est ajouté à ce message par l'expéditeur, et dont le recalcul à l'arrivée permet de vérifier l'origine et l'intégrité du message auquel il a été attaché.

Notes. — 1. Le code d'authentification de message et la signature numérique sont des sceaux électroniques.
2. Il y a compatibilité et cohérence entre

un message transmis et le sceau électronique qui l'accompagne.

☐ sécurité logique

203. *message authentication*
authentification de message n. f.
Terme à éviter : MACing

Processus d'authentification relatif à la validation de l'intégrité d'un message émis et parvenu à son destinataire, à l'aide d'un code d'authentification de message.

Notes. — 1. L'authentification de message permet de vérifier que le message reçu n'a subi aucune falsification en cours de transmission, mais non qu'il provient bien de l'émetteur déclaré. Plus précisément, elle ne permet pas d'arbitrer les conflits entre les entités communicantes puisque celles-ci partagent la même clé. En effet, toute paire constituée d'un message et d'un code d'authentification de message correspondant peut aussi bien avoir été créée par l'émetteur que par le récepteur du message. L'émetteur peut donc nier être l'auteur du message qu'il a créé, ou revendiquer la paternité d'un message créé par l'autre entité communicante. Si, donc, l'intégrité d'un message scellé par un code d'authentification de message est assurée, facilement vérifiée et prouvée, l'origine réelle de ce même message demeure incertaine.
2. L'authentification de message est assurée par le code d'authentification de message, dont le sigle anglais *MAC* (Message Authentication Code) a produit le dérivé *MACing* dans certains milieux québécois de la sécurité informatique, terme qui n'existe pas en anglais. On évitera de l'employer à la place du terme *authentification de message*, lequel est bien attesté dans la documentation de langue française.

☐ sécurité logique

204. *message authentication code*
Abrév. *MAC*
code d'authentification de message
n. m.
Abrév. **code MAC;**

code d'intégrité de message n. m.;
code de détection de modification n. m.
Terme à éviter : MAC

Sceau électronique produit par un algorithme à clé secrète et permettant de garantir l'intégrité du message à l'arrivée.

Notes. — 1. Les deux entités qui désirent communiquer à distance via un réseau informatique s'échangent d'abord une clé secrète, après quoi elles protègent leurs informations en faisant suivre le ou les messages d'un code d'authentification de message, lequel dépend tout à la fois du message qu'il protège, de l'identité de l'émetteur et de celle du récepteur, ainsi que de la clé secrète que partagent ces derniers. Le destinataire est ainsi assuré que le message n'a subi aucune altération après son émission ou au cours de la transmission.
2. *MAC* est l'abréviation du terme anglais *Message Authentication Code*. Si des contraintes d'espace ou certains contextes particuliers rendent nécessaire le recours à une forme abrégée, on parlera de *code MAC*.

☐ sécurité logique

205. *digital signature*
signature numérique n. f.;
signature électronique n. f.;
signature informatique n. f.
Terme à éviter : signature digitale

Sceau électronique produit généralement par un algorithme à clé publique, qui garantit à la fois l'origine et l'intégrité du message transmis, rendant de ce fait impossible, soit son éventuelle répudiation après émission par l'expéditeur, soit sa contrefaçon à la réception par le destinataire ou au cours de la transmission par un tiers.

Notes. — 1. Le terme *signature numérique* désigne également l'action qui consiste à associer la donnée secrète (c'est-à-dire la signature numérique) au message.
2. Les systèmes de signature numérique utilisent surtout des algorithmes à clé publique. Dans ce cas, le signataire utilise sa clé privée pour chiffrer le message à trans-

mettre, tandis que le destinataire utilise la clé publique du signataire pour déchiffrer le message. Toutefois, ce type d'échange ne permet pas d'assurer la confidentialité du message secret, puisque la clé de déchiffrement est publique. Afin de combiner dans un seul échange signature numérique et confidentialité du message, celui-ci devra être chiffré deux fois par son émetteur et signataire, la première comme il vient d'être dit plus haut, et la seconde avec la clé publique du destinataire, lequel effectuera le second déchiffrement au moyen de sa clé privée.

3. Le mot *signature* dans le syntagme *signature numérique* s'avère, en sécurité informatique, particulièrement adéquat puisque, d'une part, seul le signataire est en mesure de produire la signature et, d'autre part, tout le monde est capable de la vérifier. Là s'arrête toutefois l'analogie avec la signature manuscrite, laquelle, en principe, est toujours la même quel que soit le document signé, au contraire de la signature numérique qui dépend non seulement du secret détenu par celui qui signe (ce qui empêche la répudiation éventuelle du message par son émetteur), mais également du contenu du message.

4. L'expression *signature digitale* est un anglicisme. En français, l'adjectif *digital* signifie « qui appartient aux doigts », comme dans l'expression *empreinte digitale*. L'anglais *digital*, quant à lui, vient de *digit*, qui veut dire « nombre ». Même s'ils ont la même graphie, il n'y a aucune correspondance sémantique entre l'adjectif anglais et l'adjectif français. Au terme anglais *digital* correspond en français l'adjectif *numérique*.

☐ sécurité logique

206. *notarization*
notarisation n. f.

Enregistrement des éléments essentiels d'une transaction entre deux parties chez un tiers de confiance, lequel peut ultérieurement en garantir l'exactitude.

Notes. — 1. Le contenu, l'origine, la date et la destination d'un message constituent les éléments essentiels d'une transaction qui font l'objet de la notarisation.
2. La signature numérique et la notarisation sont des mesures de protection contre les faux en écriture et les tentatives de répudiation.
3. Plusieurs schémas de signature ont été élaborés, avec ou sans notarisation. Dans un schéma de signature sans notarisation, le message produit par l'émetteur S est directement transmis au récepteur R qui en vérifie la validité et l'authenticité grâce à la signature numérique de l'émetteur. En cas de contestation, on doit pouvoir prouver que le message produit est vrai ou faux. Dans un schéma de signature avec notarisation, chaque message émis par l'émetteur S est envoyé à N (la tierce partie de confiance), qui effectuera un certain nombre de vérifications afin de s'assurer de l'origine et du contenu. Le message sera alors daté et enregistré par N puis envoyé avec un certificat à R.

☐ sécurité logique

207. *trusted third party;*
trusted authentication authority
tierce partie de confiance n. f.

Autorité de sécurité à laquelle des entités communicantes accordent leur confiance pour l'authentification de leurs transactions, et qui peut ainsi certifier l'authenticité des messages émis.

☐ sécurité logique

208. *accountability*
imputabilité n. f.

Principe selon lequel les violations ou tentatives de violation du système informatique sont attribuées à la seule entité qui en est responsable.

☐ gestion de la sécurité informatique;
sécurité logique

209. *repudiation*
répudiation n. f.

Fait, pour une personne ou pour toute autre entité engagée dans une communication par voie informatique, de nier avoir participé à tout ou partie des échanges.

Note. — On parlera de *répudiation à l'émission* ou de *répudiation à la réception* selon que l'entité niera avoir émis ou reçu un message déterminé.

V. a. **contrôle d'accès (127)**
☐ sécurité logique

210. *non-repudiation*
non-répudiation n. f.

Fait, pour une personne ou pour toute autre entité engagée dans une communication par voie informatique, d'être dans l'impossibilité de nier avoir reçu ou émis un message.

V. a. **contrôle d'accès (127)**
☐ sécurité logique

211. *non-repudiation*
non-répudiation n. f.

Fonction permettant de fournir la preuve qu'une personne ou toute autre entité a reçu ou émis un message.

Note. — Le terme *non-répudiation* qui, dans son sens premier, désigne le fait de ne pas pouvoir nier avoir reçu ou émis un message, en est venu à désigner une fonction capable d'apporter cette preuve d'émission ou de réception grâce à laquelle la répudiation devient impossible. La preuve d'émission ou de réception permet à une organisation de se prémunir contre les utilisateurs de mauvaise foi qui auraient envoyé ou reçu un message et affirmeraient le contraire.

V. a. **contrôle d'accès (127)**
☐ sécurité logique

212. *non-repudiation with proof of origin*
non-répudiation à l'émission n. f.;
non-répudiation avec preuve à l'origine n. f.

Non-répudiation pouvant être appliquée spécifiquement à l'expéditeur d'un message, en particulier lorsque ce dernier a chiffré ce message avec sa clé privée, qu'il est seul à connaître.

☐ sécurité logique

213. *non-repudiation with proof of delivery*
non-répudiation à la réception n. f.;
non-répudiation avec preuve de réception n. f.

Non-répudiation pouvant être appliquée spécifiquement au destinataire d'un message, en particulier lorsque ce dernier a déchiffré ce message avec sa clé privée, qu'il est seul à connaître.

☐ sécurité logique

214. *port protection device*
Abrév. *PPD*
dispositif de protection des accès n. m.;
système de protection des accès n. m.

Dispositif commandé par microprocesseur, répondant au téléphone et exigeant un mot de passe avant de brancher le correspondant sur l'ordinateur.

☐ sécurité logique

215. *call back routine;*
callback;
dial back
procédure de rappel n. f.;
rappel automatique n. m.;
connexion par rappel n. f.

Procédure de contrôle de l'accès téléphonique à un système informatique au moyen d'un dispositif qui, à la réception d'un mot de passe autorisé, coupe la communication et refait le numéro de téléphone associé au mot de passe fourni et stocké dans sa mémoire.

☐ sécurité logique

216. *call-back device;*
dial-back system;
black-box system
dispositif de rappel automatique n. m.;
dispositif de rappel n. m.;
système de rappel n. m.

Terme à éviter : système de call-back

Dispositif qui permet d'exécuter la procédure de rappel.

☐ sécurité logique

217. *security software*
logiciel de sécurité n. m.

Logiciel pouvant exécuter une ou plusieurs fonctions de sécurité.

Notes. — 1. *Logiciel de sécurité* est un terme générique. Les logiciels de sauvegarde, les logiciels antivirus et les logiciels de contrôle d'accès, entre autres, sont des logiciels de sécurité.
2. Les logiciels de sécurité peuvent offrir de multiples fonctions : enregistrement de toutes les activités de l'unité centrale et production de journaux pour vérification ultérieure; verrouillage du disque dur pour en bloquer l'accès et des applications pour neutraliser toute tentative de piratage, etc.

☐ sécurité logique

218. *access-control software*
logiciel de contrôle d'accès n. m.
Abrév. **LCA**

Logiciel de sécurité relié au système d'exploitation des ordinateurs, qui assure le contrôle d'accès logique, notamment par la validation de l'identité et des droits d'accès des utilisateurs.

Note. — À l'origine, la création du terme *progiciel*, à partir des mots *PROduit* et *loGICIEL*, répondait au besoin de dénommer spécifiquement le produit qu'on souhaitait commercialiser, par opposition au produit non commercial créé dans et pour l'entreprise. Les choses ayant passablement évolué depuis une dizaine d'années, la nécessité de préciser ou de faire cette distinction n'est plus aussi évidente aujourd'hui, et le terme *progiciel* tombe lentement en désuétude. Cependant, certains auteurs font encore la distinction d'usage entre les deux termes. Ainsi, alors que le logiciel de contrôle d'accès est intégré au système d'exploitation de l'ordinateur et s'appuie donc sur des caractéris-

tiques de sécurité particulières de celui-ci, le progiciel de contrôle d'accès (*access-control package*) est une entité indépendante, développée et vendue séparément soit par le constructeur de l'ordinateur, soit par une société de service. Le progiciel n'est alors qu'une couche de sécurité supplémentaire. Dans cette optique, tous les progiciels de contrôle d'accès sont des logiciels, mais les logiciels de contrôle d'accès intégrés ne peuvent être dénommés *progiciels*. Cette distinction entre les deux termes, bien que tout à fait exacte, ne nous permet pas d'ignorer la généralisation de l'emploi du terme *logiciel* en informatique.

☐ sécurité logique

219. *electronic firewall;*
network fire wall;
firewall
pont-levis électronique n. m.;
garde-barrière n. m.;
cloison étanche n. f.;
garde-fou n. m.
Termes à éviter : mur de feu;
firewall

Dispositif informatique qui permet le passage sélectif des flux d'information entre un réseau interne et un réseau public, ainsi que la neutralisation des tentatives de pénétration en provenance du réseau public.

Notes. — 1. La notion définie est nouvelle. Actuellement, le terme anglais *electronic firewall*, qui n'a pas encore d'équivalent bien implanté en français, désigne plus spécifiquement un serveur équipé d'un logiciel de contrôle d'accès, qui protège les réseaux informatiques internes contre les tentatives de pénétration effectuées à partir du réseau public Internet. Pour l'instant, les dispositifs permettant de contrer cette grave menace informatique sont bel et bien des serveurs équipés de logiciels de contrôle d'accès, mais il n'est pas dit qu'il en sera toujours ainsi. C'est pourquoi l'incluant « dispositif » a été préféré ici. Par ailleurs, si la menace vient actuellement du réseau Internet, il est possible que, dans un avenir proche, d'autres réseaux publics entraînent des risques informatiques du même

ordre pour les réseaux internes. Il convient donc de ne pas définir de manière trop restrictive une notion en émergence et appelée à évoluer rapidement.
2. Le terme *pont-levis électronique* est un néologisme proposé par des spécialistes québécois consultés par le Comité, et les termes *garde-barrière* et *garde-fou* ont été repérés dans la documentation française récente. Enfin, une consultation informelle semble indiquer que le terme *cloison étanche* serait en usage, ou en train de s'imposer, dans les milieux français de la sécurité informatique. Il faut noter ici qu'aucun de ces termes n'est répandu dans l'usage.
3. L'expression *mur de feu* est un calque et donc à éviter.

☐ sécurité logique

220. *supervisory program;*
supervisor;
supervisory routine;
executive program;
executive routine
programme superviseur n. m.;
superviseur n. m.
Terme à éviter : routine de contrôle

Programme résident du système d'exploitation et qui, disposant d'instructions privilégiées, gère l'ensemble des programmes, notamment les programmes de sécurité informatique.

Notes. — 1. Bien que le terme *programme superviseur* appartienne au domaine général de l'informatique, il doit être conservé en sécurité informatique car c'est dans ce programme que résident les instructions privilégiées par lesquelles les systèmes informatiques peuvent devenir très vulnérables.
2. Relativement à la sécurité informatique, le programme superviseur commande notamment l'accès aux fichiers les plus sensibles, les reprises en cas d'incidents, la sauvegarde des informations traitées par le système informatique et les contrôles programmés.

☐ sécurité informatique

221. *supervisor mode;*
supervisor state;
executive state
mode superviseur n. m.;
mode maître n. m.

Mode de fonctionnement d'un ordinateur caractérisé par l'exécution des instructions privilégiées du programme superviseur et par l'accès aux parties protégées de la mémoire.

Note. — Le mode superviseur, ou *mode maître*, caractérise le fonctionnement du programme superviseur, par opposition au mode utilisateur, ou *mode asservi*, lequel caractérise le fonctionnement du programme utilisateur. Ce dernier est toujours mis en service par le mode superviseur et fonctionne avec certaines restrictions, notamment dans le choix des instructions et les possibilités d'adressage.

☐ sécurité informatique

222. *reference monitor concept;*
reference monitor
concept de contrôleur de référence n. m.;
contrôleur de référence n. m.

Concept de contrôle d'accès se rapportant à une machine abstraite qui s'interpose entre tous les accès de sujets à objets, vérifiant chaque demande d'entrée selon une procédure stricte, afin de maintenir la sécurité au niveau voulu.

Note. — La mise en œuvre de ce modèle prend la forme d'un noyau de sécurité ou celle d'un filtre de sécurité.

☐ sécurité logique

223. *security kernel*
noyau de sécurité n. m.

Partie du système d'exploitation formant un noyau autonome qui assure les fonctions de sécurité, notamment l'accès au système informatique.

Note. — Les caractéristiques essentielles du noyau de sécurité sont les suivantes :
a) il doit être complet, c'est-à-dire que

toutes les demandes d'accès, sans exception, doivent faire l'objet d'une vérification et d'une autorisation (ou d'un refus) en règle; *b*) il doit être isolé, c'est-à-dire protégé de toute possibilité de modification ou d'interférence avec un quelconque logiciel du système; *c*) il doit fonctionner correctement, c'est-à-dire remplir totalement la fonction pour laquelle il a été mis en place, et uniquement celle-là.

☐ sécurité logique

224. *front end security filter*
filtre de sécurité n. m.

Sous-système sécurisé qui empêche la communication automatique de données à des entités non autorisées ou via des réseaux non protégés.

☐ sécurité logique

225. *trapdoor*
porte dérobée n. f.;
trappe n. f.

Porte d'accès à un programme ou à un système d'exploitation, prévue pour les tests et la maintenance, laquelle permet le contournement des mécanismes de sécurité et qui, de ce fait, rend la pénétration possible pour un pirate l'ayant découverte.

Note. — En l'absence de réelles portes dérobées, les pirates peuvent en créer et les introduire dans un système informatique. Ils y laissent alors des instructions qui leur permettront d'y revenir par la suite pour s'immiscer clandestinement dans le système. C'est pourquoi les portes dérobées déjà créées pour répondre à des besoins particuliers (téléchargement de logiciels, télémaintenance, programmation) doivent être verrouillées dès la mise en route du système, afin d'éviter que d'éventuels pirates n'utilisent ces entrées réservées durant les heures d'exploitation.

☐ sécurité logique; délits informatiques

226. *entrapment;*
trapping
piégeage n. m.

Action délibérée qui consiste à introduire un piège dans un système informatique.

☐ sécurité logique

227. *pseudo-flaw*
piège n. m.

Défaut apparent introduit délibérément dans un système informatique afin de détecter et de neutraliser les tentatives de pénétration.

☐ sécurité logique

228. *penetration testing*
essai de pénétration n. m.;
test de pénétration n. m.

Essai au cours duquel une équipe de testeurs tente de pénétrer dans un système informatique dans les mêmes conditions qu'un assaillant éventuel, afin de vérifier l'efficacité des dispositifs de sécurité mis en place et d'éliminer les vulnérabilités informatiques décelées grâce à cette opération.

Note. — Un essai de pénétration confirme si des vulnérabilités connues sont réellement exploitables ou non.

☐ sécurité logique

229. *penetration profile*
profil de pénétration n. m.

Plan sommaire des actions nécessaires pour effectuer une pénétration.

☐ sécurité logique

230. *tiger team*
équipe de testeurs n. f.;
équipe de test n. f.;
équipe corsaire n. f.

Équipe de spécialistes qui effectue des essais de pénétration.

☐ sécurité logique

231. *real time reaction*
réaction en temps réel n. f.

Contre-mesure de sécurité informatique dont l'exécution instantanée neutralise la tentative de pénétration en cours.

☐ sécurité logique

232. *work factor*
facteur travail n. m.;
facteur de travail n. m.

Estimation du temps machine et des efforts nécessaires à un programmeur de capacité moyenne et disposant de ressources minimales pour effectuer une brèche de sécurité et pénétrer dans un système.

☐ sécurité logique

233. *granularity*
granularité n. f.

Propriété d'un objet qui a été fractionné afin d'en raffiner l'accès.

Note. — Par exemple, la granularité d'un champ est plus fine que celle d'un fichier pris globalement.

☐ gestion de la sécurité informatique;
sécurité logique

234. *compartmentalization;*
isolation
partitionnement n. m.;
compartimentage n. m.;
fragmentation n. f.

Opération qui consiste à découper en fragments des ressources informationnelles et à les distribuer dans des blocs isolés, lesquels contiendront ainsi un minimum de données, afin de ne livrer aucune information significative aux utilisateurs non autorisés.

Notes. — 1. Le terme *partitionnement* désigne également le résultat de cette opération.
2. Le partitionnement est utilisé dans les bases de données, et l'on découpe alors l'information ayant des attributs d'accès différents, ainsi que dans les télécommunications.
3. Les fragments peuvent être mémorisés sur des supports distincts, conservés en des lieux différents, être traités sur des systèmes pouvant être différents. Leur transmission pourra même se faire par des chemins différents, à des instants différents, et dans un ordre aléatoire.

☐ sécurité logique

235. *storage protection;*
memory protection
protection de mémoire n. f.

Restriction d'accès à une mémoire ou à des emplacements de mémoire, interdisant soit la lecture ou l'écriture des données, soit ces deux opérations.

☐ sécurité logique

236. *blanking*
occultation n. f.

Action de rendre des données invisibles à l'écran et donc, indisponibles.

Note. — Par *procédé de visibilité réduite*, on entend un procédé d'occultation particulier qui consiste à masquer un certain nombre de données contenues dans un fichier auquel un droit d'accès a été accordé. On parle alors de *visibilité réduite* ou de *visibilité restreinte*. Ce procédé, donc, qui vise à ne rendre disponible à l'utilisateur qu'une partie du fichier auquel il a accès, en l'empêchant de pouvoir lire le reste des informations qui y sont contenues, peut être mis en œuvre grâce à l'utilisation d'un programme-filtre, c'est-à-dire d'un programme qui filtre les données lors de leur renvoi à l'utilisateur.

☐ sécurité logique

237. *concealment system*
système de dissimulation n. m.

Méthode spécifique de protection de l'information qui consiste à cacher l'existence même de données sensibles en les faisant disparaître dans un autre ensemble de données n'ayant aucun rapport avec elles.

Note. — Les systèmes de protection de l'information sont au nombre de trois : les systèmes de contrôle d'accès, les systèmes de dissimulation et les systèmes cryptographiques. Dans les systèmes cryptographiques, ce n'est pas, comme dans les systèmes de dissimulation, l'existence des données qui est cachée, mais bien leur signification.

☐ sécurité logique

238. *residue*
données résiduelles n. f. pl.;
résidu n. m.

Ensemble des données inactives restées en mémoire après suppression d'un fichier et avant nettoyage du support, et qui peuvent faire l'objet d'une exploitation non autorisée.

Note. — Le terme *données résiduelles* est généralement employé au pluriel.

☐ sécurité logique

239. *residue check*
contrôle de données résiduelles n. m.;
contrôle de résidu n. m.

Ensemble de procédures et de mécanismes prévus pour rendre illisibles les données résiduelles et, ainsi, en empêcher l'accès.

☐ sécurité logique

240. *sanitizing;*
scrubbing
nettoyage n. m.

Effacement de l'information sensible par écrasement de texte ou par démagnétisation du support de stockage, ce dernier pouvant ensuite être réutilisé.

☐ sécurité logique

241. *inference control*
contrôle d'inférence n. m.

Mesure de sécurité logique destinée à empêcher l'inférence.

☐ sécurité logique

242. *antivirus software;*
antivirus program;
antivirus;
antiviral program
logiciel antivirus n. m.;
programme antivirus n. m.;
antivirus n. m.

Logiciel de sécurité qui procède, automatiquement ou sur demande, à l'analyse des fichiers et de la mémoire d'un ordinateur, soit pour empêcher toute introduction parasite, soit pour détecter et éradiquer tout virus dans un système informatique. (Voir schéma n° 1.)

Note. — Les logiciels antivirus remplissent trois fonctions essentielles : la vérification permanente visant à contrer toute tentative d'infection informatique, la détection des virus introduits dans un système et, enfin, leur élimination. Les produits commercialisés peuvent n'offrir qu'une de ces fonctions, ou les proposer toutes. En effet, certaines solutions antivirus se composent à la fois d'un programme détecteur de virus, d'un ou de plusieurs utilitaires de destruction ainsi que d'un programme préventif agissant en amont des tentatives d'infection.

☐ sécurité logique

243. *virus-prevention program;*
prevention program
antivirus préventif n. m.;
bouclier antiviral n. m.;
bouclier d'immunisation n. m.;
vaccin n. m.

Logiciel antivirus résidant en mémoire centrale, qui exerce une veille permanente afin de contrer toute tentative de pénétration virale dans la mémoire ou les fichiers informatiques. (Voir schéma n° 1.)

Notes. — 1. Alors que les antivirus curatifs agissent une fois le virus installé dans la mémoire ou les fichiers, les antivirus préventifs agissent, eux, en amont de l'infection virale, en surveillant chaque opération critique ou requête transmise à l'ordinateur, et en avertissant l'utilisateur en cas de doute. Dès qu'un programme se livre à une opération suspecte (une tentative d'écriture dans le secteur de démarrage, par exemple), l'antivirus préventif déclenche un message d'alarme, lequel peut prendre la forme d'une fenêtre où s'affichent l'action interceptée et le programme destinataire de cette action. Les antivirus préventifs ont toutefois l'inconvénient de ralentir considérablement les autres opérations effectuées sur l'ordinateur, en raison du temps machine nécessaire à ces contrôles permanents.
2. Le terme *programme leurre* (ou *leurre*) désigne un type d'antivirus préventif. Les programmes leurres tirent parti du fait que la plupart des virus ne contaminent un programme qu'une seule fois, en marquant de leur signature le programme infecté. Après avoir identifié cette signature, les programmes leurres marquent les programmes sains de la signature du virus, leurrant ces derniers qui considèrent le programme déjà contaminé, et ne l'attaquent donc pas.

☐ sécurité logique

244. *virus detection software;*
detection program;
virus-screening program
logiciel de détection de virus n. m.;
programme détecteur de virus n. m.;
programme de détection des virus n. m.;
détecteur de virus n. m.

Logiciel antivirus qui analyse la mémoire et les fichiers, afin d'y repérer la présence éventuelle de virus, connus ou inconnus. (Voir schéma n° 1.)

Note. — On appelle *antivirus curatif* un logiciel antivirus qui combine la détection de virus déjà installés dans la mémoire ou les fichiers, et leur éradication. Le terme *sérum* est également employé dans ce sens, mais beaucoup plus rarement.

☐ sécurité logique

245. *integrity checker*
vérificateur de somme de contrôle n. m.;
contrôleur d'intégrité n. m.

Logiciel de détection de virus qui, pour un programme ou un fichier donné, calcule le total de contrôle au moment de son lancement sur l'ordinateur, puis le compare avec le total de contrôle calculé au dernier point de reprise de ce fichier ou programme, de manière à détecter tout écart pouvant indiquer la présence d'un virus, même inconnu. (Voir schéma n° 1.)

Notes. — 1. Dans la définition, le terme *total de contrôle* désigne le nombre résultant d'un calcul effectué sur les octets d'un fichier.
2. Les totaux de contrôle des fichiers et programmes dans leur état initial ou à leur point de reprise le plus récent sont contenus dans une base de données.
3. Le vérificateur de somme de contrôle ne peut identifier un virus. Il prévient simplement l'utilisateur qu'un virus est peut-être présent, en raison de la taille du fichier qui n'est pas ce qu'elle devrait être.

☐ sécurité logique

246. *antivirus scanner;*
scanning program
scanneur de virus n. m.
Termes à éviter : scanner;
programme scanner

Logiciel de détection de virus qui effectue un balayage des fichiers pour y repérer la signature de virus connus et répertoriés. (Voir schéma n° 1.)

Notes. — 1. Dans la définition, l'expression *signature de virus* désigne la séquence d'octets qui caractérise un virus à l'état latent.
2. Les scanneurs de virus ont le désavantage de se démoder rapidement, car ils ne détectent que les virus connus, alors que de nouveaux virus font leur apparition presque tous les jours.

☐ sécurité logique

247. *removal program;*
virus remover
éradicateur de virus n. m.;
désinfectant n. m.;
logiciel de décontamination n. m.

Logiciel antivirus qui détruit les codes viraux détectés et identifiés, présents dans les fichiers, et qui restaure ces fichiers dans leur état d'avant l'infection. (Voir schéma n° 1.)

Note. — Un éradicateur de virus ne sait détruire que les virus dont il connaît la signature.

☐ sécurité logique

248. *memory card*
carte informatique n. f.

Support individuel d'information doté d'une mémoire placée soit dans un ou plusieurs microcircuits, soit sur pistes magnétiques ou optiques, contenant des données privilégiées relatives à son détenteur, et dont l'utilisation nécessite le recours à une technique informatique. (Voir schéma n° 2.)

Notes. — 1. Le terme *carte informatique* est d'usage très rare. Il est en effet peu fréquent en français que l'on regroupe les traditionnelles cartes à pistes magnétiques et les cartes à microcircuit (ou *cartes à mémoire*) sous une même dénomination. *Memory card* et *carte à mémoire* ne sont pas équivalents. Le terme français *carte à mémoire* est d'acception beaucoup plus restreinte, désignant exclusivement les cartes qui sont le produit de la technologie des microcircuits, excluant par là même les cartes à pistes magnétiques et les cartes optiques. Le terme anglais *memory card*, au contraire, désigne toute carte sur laquelle est mémorisée de l'information, peu importe la technique utilisée ou les applications auxquelles on la destine.
2. À la définition de *carte informatique* répondent les types de cartes suivants : *a)* les cartes à pistes magnétiques; *b)* les cartes à microcircuit; *c)* les cartes optiques.
3. La carte mixte est une carte dotée à la fois de pistes magnétiques et de micro-

circuits. Elle allie les atouts bien ancrés de la traditionnelle carte à pistes magnétiques et les avantages uniques de la carte à microcircuit, permettant ainsi le passage plus facile à la technologie des microcircuits.

☐ sécurité logique

249. *magnetic-stripe card;*
magnetic card
carte à pistes magnétiques n. f.;
carte magnétique n. f.

Carte informatique pourvue d'une surface magnétisable sur laquelle sont stockées les données par enregistrement magnétique. (Voir schéma n° 2.)

Notes. — 1. Simple dépositaire d'informations, la carte à pistes magnétiques ne peut procéder à des opérations logiques ni effectuer le moindre traitement. Par exemple, si elle est couplée à un numéro d'identification personnel (NIP), c'est un dispositif interne de l'appareil lecteur qui possède l'algorithme de vérification de celui-ci, non la carte elle-même. C'est pourquoi on l'appelle parfois *carte passive*.
2. La carte à pistes magnétiques est couplée, ou non, à un numéro d'identification personnel. Par exemple, la carte utilisée pour les retraits de fonds au guichet automatique est toujours associée à un numéro d'identification personnel, ce qui n'est pas nécessairement le cas pour la carte de crédit classique.

☐ sécurité logique

250. *integrated circuit card;*
microcircuit card;
smart card
carte à microcircuit n. f.;
carte à mémoire n. f.;
carte à circuit intégré n. f.

Carte informatique contenant un microcircuit avec sa ou ses mémoires, ses circuits logiques ou un microprocesseur associé, et capable de mémoriser ou de traiter des informations. (Voir schéma n° 2.)

Notes. — 1. Bien que le terme *carte à mémoire* soit le plus couramment utilisé

pour désigner la réalité décrite, il est en même temps le moins heureux puisque, à l'évidence, les cartes à pistes magnétiques que toutes les banques proposent encore mériteraient aussi ce qualificatif. Pour cette raison, mais également parce que ce type de carte comporte toujours un microcircuit, le terme *carte à microcircuit* est, dans ce contexte, plus précis et plus juste du point de vue de la langue.
2. Le terme *carte à microcircuit* est un générique. Sous cette appellation sont regroupées : *a)* la carte à mémoire simple; *b)* la carte à logique câblée; *c)* la carte à microprocesseur; *d)* la supercarte intelligente.
3. Les cartes à microcircuit sont des cartes actives car elles procèdent à des opérations logiques et, dans le cas de la carte à microprocesseur, peuvent même traiter l'information. De plus, elles tirent de leurs ressources propres la capacité de résister aux différentes formes de malveillance dont les cartes à pistes magnétiques et les cartes optiques sont menacées, ce qui les rend hautement sécuritaires.
☐ sécurité logique

251. *simple smart card*
carte à mémoire simple n. f.;
carte à simple mémoire n. f.

Carte à microcircuit de faible capacité et sans protection spécifique, dont la mémoire, en plus de comporter une zone protégée où est stockée une information d'identification, sert à débiter jusqu'à épuisement les unités prépayées qui sont consommées par son porteur. (Voir schéma n° 2.)

Notes. — 1. Dans la définition, l'expression *zone protégée* désigne la portion de mémoire où il n'est pas possible d'écrire.
2. Les cartes à mémoire simple sont dites *prépayées*. Elles sont utilisées pour des applications où la sécurité n'est pas primordiale, généralement pour toute forme d'abonnement prépayé : péage, stationnement, téléphone public, etc. Ses fonctionnalités sont équivalentes à celles de la carte à pistes magnétiques, dont elle se

distingue toutefois par le fait que ses circuits de mémoire sont d'une capacité supérieure.
☐ sécurité logique

252. *wired logic card*
carte à logique câblée n. f.

Carte à microcircuit dont les fonctionnalités sont préprogrammées pour répondre à des applications particulières, et figées par la suite. (Voir schéma n° 2.)

Notes. — 1. *Logique câblée* signifie que les circuits ne sont pas programmables comme ceux de la carte à microprocesseur. Les cartes à logique câblée ne peuvent donc effectuer que les travaux pour lesquels elles ont été prévues, ce qui impose une modification de leur composant pour chaque nouvelle application.
2. La carte à logique câblée offre un premier niveau de sécurité en permettant le contrôle d'un numéro d'identification personnel attribué au porteur de la carte, avant que l'accès aux zones protégées ne soit autorisé.
☐ sécurité logique

253. *microprocessor card;*
    chip card
carte à microprocesseur n. f.;
carte à microcalculateur n. f.;
carte à puce n. f.;
carte intelligente n. f.

Carte à microcircuit dotée d'un microprocesseur permettant l'enregistrement et la restitution d'informations, ainsi que le traitement des données reçues de l'extérieur ou contenues dans les mémoires. (Voir schéma n° 2.)

Notes. — 1. La carte à microprocesseur est capable d'un traitement autonome de l'information ainsi que d'une interaction avec l'extérieur. Elle peut servir à de multiples applications : télécommunication, télépaiement, dossiers portables (médicaux, administratifs, scolaires, financiers), contrôle d'accès logique aux programmes informatiques et contrôle d'accès physique aux centres informatiques, etc.

2. En informatique, l'adjectif *intelligent* se dit d'une unité fonctionnelle entièrement ou partiellement commandée au moins par un processeur (ou un microprocesseur) qui fait partie de cette unité fonctionnelle. La carte à microprocesseur est une carte intelligente.

☐ sécurité logique

254. *supersmart card*
supercarte intelligente n. f.

Carte à microcircuit pourvue d'un clavier alphanumérique, d'un afficheur et d'une pile. (Voir schéma nº 2.)

☐ sécurité logique

255. *optical memory card*
Abrév. *OMC*
carte optique n. f.
Termes non retenus : carte optique à mémoire;
carte à mémoire optique

Carte informatique utilisant des procédés d'enregistrement par techniques laser ou holographiques, dotée d'une très grande capacité de stockage d'informations. (Voir schéma nº 2.)

Notes. — 1. Simple dépositaire d'informations comme la carte à pistes magnétiques, la carte optique ne peut procéder à des opérations logiques ni effectuer le moindre traitement. C'est une carte passive.
2. La principale caractéristique de la carte optique est sa très grande capacité de mémorisation, qui surpasse de beaucoup celle de la carte à pistes magnétiques et de la carte à microprocesseur.
3. Les termes *carte optique à mémoire* et *carte à mémoire optique* n'ont pas été retenus comme synonymes de *carte optique*. Les cartes dites *à mémoire* sont des cartes à microcircuit, c'est-à-dire des cartes actives, ce qui exclut les cartes à pistes magnétiques et les cartes optiques, qui sont des cartes passives.

☐ sécurité logique

256. *contactless integrated circuit card;*
contactless smart card;
contactless card
carte à mémoire sans contact n. f.

Carte à microcircuit pouvant être consultée à distance par un lecteur.

Notes. — 1. La fonction de lecture de la carte à mémoire sans contact se trouve doublée d'une fonction d'écriture, permettant ainsi le dialogue entre lecteur et carte. Cette fonction d'écriture permet de distinguer la carte à mémoire sans contact du simple badge.
2. La carte à mémoire sans contact peut être active ou passive, selon que les dispositifs contiennent, ou non, une source d'énergie interne. Dans le cas de la carte passive, la téléalimentation sera nécessaire pour assurer le transfert d'énergie. Outre cette fonction de téléalimentation, la carte à mémoire sans contact est dotée d'une fonction d'échange de données dans les deux sens (lecteur-carte, carte-lecteur), ainsi que d'une fonction d'activation, généralement obtenue par la détection du champ rayonné.
3. La technologie sans contact existe depuis longtemps, mais son application récente aux cartes à microcircuit permettra le développement de produits plus performants tels que les badges mains libres ou les étiquettes électroniques plus intelligentes, ouvrant ainsi des perspectives nouvelles, en particulier dans le domaine de la télébilletique : péage, transport en commun et équipement sportif. De manière générale, ces cartes sont destinées au grand public, et donc, progressivement, à des applications analogues à celles des cartes à contacts.
4. La carte à mémoire sans contact est d'un format comparable à celui d'une carte de crédit classique. Elle se distingue de la carte à contacts par le fait que ses dispositifs internes sont activés automatiquement et à distance grâce à un champ magnétique par induction, nécessitant tout au plus un léger mouvement de la part de son porteur, telle la présentation de la carte devant un lecteur. Les cartes à microcircuit actuellement en usage sont des cartes à contacts.

En effet, les cartes à mémoire simple et cartes à microprocesseur, par exemple, sont activées par le lecteur de cartes dans lequel elles sont introduites. Les termes *carte à microcircuit à contacts* et *carte à contacts* ne seront employés que dans les contextes où il faudra distinguer ce type de carte et les cartes qui sont le produit de la technologie sans contact, dont l'usage est encore peu répandu.

☐ sécurité logique

257. *cryptology*
cryptologie n. f.

Science du chiffre, recouvrant la cryptographie et l'analyse cryptographique.

☐ sécurité logique

258. *cryptography*
cryptographie n. f.

Ensemble des principes, méthodes et techniques dont l'application assure le chiffrement et le déchiffrement des données.

☐ sécurité logique

259. *encryption;*
encipherment
chiffrement n. m.
Termes non retenus : cryptage;
cryptage des données;
chiffrage;
encryptage;
encryption

Opération par laquelle est substitué, à un texte en clair, un texte inintelligible, inexploitable pour quiconque ne possède pas la clé permettant de le ramener à sa forme initiale.

Notes. — 1. Les termes *chiffrement* et *codage* ne sont pas équivalents. Alors que le chiffrement utilise un algorithme, le codage se fait à partir d'un dictionnaire de codes.
2. Le chiffrement peut être symétrique ou asymétrique. Dans le chiffrement symétrique, la même clé est utilisée pour le chiffrement et le déchiffrement (ex. : système

cryptographique à clé secrète DES). Le chiffrement asymétrique exige une clé pour le chiffrement et une autre clé pour le déchiffrement, et la connaissance de l'une ne permet pas de déduire l'autre, même si les deux sont mathématiquement liées (ex. : système cryptographique à clé publique RSA).
3. Le terme *cryptage*, attesté aussi bien dans les grands dictionnaires que dans des ouvrages spécialisés où il est employé concurremment avec *chiffrement*, est un dérivé inutile de *cryptographie*. De plus, certains auteurs le donnent comme incorrect. Il ne doit donc pas donner lieu à la création de termes tels que *système de cryptage* (au lieu de *système cryptographique*), *cryptage des données* (au lieu de *chiffrement des données*), *clé de cryptage* (au lieu de *clé de chiffrement*), *système de cryptage à clé publique* (au lieu de *système cryptographique à clé publique*), etc.
4. Le terme *chiffrage* fait double emploi avec *chiffrement* et risque de créer de la confusion dans le système de dénominations puisqu'il désigne notamment l'action d'évaluer en chiffres, par des calculs (ex. : chiffrage de la sinistralité informatique).
5. Les termes *encryptage* et *encryption*, qui ne sont consignés dans aucun grand dictionnaire de langue, au contraire de *chiffrement*, ne viennent qu'ajouter à la confusion et, pour cette raison, ne sont pas retenus ici comme synonymes de *chiffrement*.
6. Le terme *brouillage* ne doit pas être confondu avec *chiffrement*, dont il n'a aucunement le sens. Il désigne en effet, non pas la substitution d'un texte chiffré à un texte en clair, mais bien la perturbation produite sur une ligne de transmission, afin de rendre la voix ou les données transmises inintelligibles. On évitera donc d'employer le terme *brouillage* à la place de *chiffrement*.

☐ sécurité logique

260. *reversible encryption;*
reversible encipherment;
two-way encryption
chiffrement réversible n. m.

Chiffrement effectué selon une technique

qui permet, avec la clé de déchiffrement appropriée, la reconversion en clair des données.

Note. — Le terme *chiffrement réversible* n'est utilisé que si, dans certains contextes, on doit faire la distinction entre ce type de chiffrement et le chiffrement irréversible. Autrement, le terme *chiffrement*, employé absolument, suffit.

☐ sécurité logique

261. *irreversible encryption;*
one-way encryption;
one-way encipherment
chiffrement irréversible n. m.;
chiffrement univoque n. m.;
chiffrement à sens unique n. m.

Chiffrement effectué selon une technique qui rend impossible la reconversion en clair des données ainsi chiffrées, même par ceux qui ont une parfaite connaissance de la clé de chiffrement utilisée.

Note. — Le chiffrement irréversible sert notamment pour les mots de passe dont la reconversion en clair n'est pas souhaitable.

☐ sécurité logique

262. *decryption;*
decipherment
déchiffrement n. m.
Terme non retenu : décryptage

Opération inverse d'un chiffrement réversible, permettant à une personne ou à toute autre entité autorisée de rétablir en clair un cryptogramme.

Note. — Le terme *décryptage* ne peut se substituer ici à *déchiffrement* puisqu'il désigne l'opération frauduleuse qui consiste à traduire en clair un cryptogramme dont on ne possède pas la clé.

V. a. **contrôle d'accès (127)**
☐ sécurité logique

263. *plaintext;*
clear data;
cleartext
texte en clair n. m.;
message en clair n. m.

Texte d'origine, immédiatement intelligible et pouvant donc être exploité directement, c'est-à-dire sans recours au déchiffrement.

☐ sécurité logique

264. *ciphertext;*
cryptogram;
cryptotext
cryptogramme n. m.;
texte chiffré n. m.;
message chiffré n. m.

Données rendues inintelligibles du fait de leur chiffrement, qui ne peuvent donc être comprises et exploitées que par les seules entités en possession de la clé permettant de les déchiffrer.

Note. — L'expression *cryptogramme surchiffré* désigne un cryptogramme faisant l'objet d'un ou de plusieurs chiffrements supplémentaires.

☐ sécurité logique

265. *encryption key;*
encipherment key;
data encryption key;
data encrypting key;
enciphering key
clé de chiffrement n. f.
Terme non retenu : clé d'encryptage

Séquence de symboles qui commande le chiffrement des données, et qui sert également à leur déchiffrement dans un système cryptographique à clé secrète.

Note. — *Encryptage* n'ayant pas été retenu, il ne doit pas donner lieu à la création de nouveaux termes.

V. a. **chiffrement (259)**
☐ sécurité logique

266. *decryption key;*
deciphering key
clé de déchiffrement n. f.
Terme non retenu : clé de décryptage

Séquence de symboles qui commande le déchiffrement des données dans un système cryptographique à clé publique.

Note. — Le terme *décryptage* ayant un autre sens que celui de *déchiffrement* en sécurité informatique, *clé de décryptage* ne saurait être synonyme de *clé de déchiffrement.* Le décryptage est une opération frauduleuse de déchiffrement, effectuée sans connaissance préalable de la clé. De ce point de vue, le terme *clé de décryptage* n'a pas de sens.

☐ sécurité logique

267. *encryption master key;*
master key;
key-encrypting key
clé principale de chiffrement n. f.;
clé de surchiffrement n. f.

Clé dont la seule utilisation est le chiffrement d'autres clés.

☐ sécurité logique

268. *cryptoperiod*
cryptopériode n. f.

Période déterminée au cours de laquelle un ensemble de clés de chiffrement peut être utilisé.

☐ sécurité logique

269. *key management*
gestion des clés n. f.

Ensemble des activités ayant trait à la production, au stockage, à la distribution, à la suppression, à l'archivage et au remplacement des clés de chiffrement.

Note. — La gestion des clés est considérablement moins lourde dans un système cryptographique à clé publique que dans un système cryptographique à clé secrète. En effet, aucun échange préalable de clés secrètes n'est nécessaire dans un système cryptographique à clé publique puisque chaque utilisateur se voit attribuer, par le gestionnaire du réseau, une biclé, dont une partie (la clé publique) est accessible à tous pour l'expédition ou le déchiffrement de messages.

☐ gestion de la sécurité informatique;
sécurité logique

270. *algorithm*
algorithme n. m.

Ensemble de règles opératoires définissant un nombre fini d'opérations de calcul à exécuter en séquence, dans un ordre fixé, afin de solutionner un problème ou obtenir un résultat déterminé.

Note. — Dans le domaine de la sécurité informatique, les algorithmes sont appliqués notamment dans les opérations de chiffrement.

☐ sécurité informatique

271. *encryption algorithm;*
encipherment algorithm;
cryptographic algorithm
algorithme de chiffrement n. m.
Terme non retenu : algorithme de cryptage

Algorithme dont les opérations, paramétrées par une clé de chiffrement, conduisent au chiffrement et au déchiffrement des données.

Notes. — 1. L'algorithme de chiffrement peut être utilisé de deux façons : en mode signature et en mode chiffrement. Dans le premier cas, il permet de garantir l'intégrité des informations en transit (scellement du message sélectionné); dans le second cas, il permet de garantir la confidentialité des informations en transit (chiffrement sélectif des messages).
2. Les termes *système cryptographique* et *algorithme de chiffrement* ne sont pas équivalents. L'algorithme de chiffrement est une formule mathématique conduisant au chiffrement des données. Le système cryptographique inclut les documents et instruments permettant de mettre en œuvre la formule mathématique (l'algorithme) pour chiffrer les données.
3. *Cryptage* n'ayant pas été retenu, il ne doit pas donner lieu à la création de nouveaux termes.

V. a. **chiffrement (259)**
☐ sécurité logique

272. *cryptographic system;*
cryptosystem
système cryptographique n. m.;
système de chiffrement n. m.
Termes non retenus : système de
cryptage;
système de
chiffrage
Ensemble d'instruments, de documents et
de techniques associées permettant le chiffrement et le déchiffrement des données
selon une méthode particulière.
Notes. — 1. Les systèmes cryptographiques se sont développés en trois phases
successives. À l'origine, l'algorithme de
chiffrement et la clé de chiffrement des
systèmes cryptographiques étaient tous
deux gardés secrets. Dans un second
temps, l'algorithme de chiffrement devient
public, mais les clés de chiffrement demeurent secrètes. C'est là la caractéristique
des systèmes cryptographiques à clé secrète comme le système DES. Enfin, sont
mis au point les systèmes cryptographiques
à clé publique, tel le système RSA; dans
ces systèmes, l'algorithme de chiffrement
et la clé de chiffrement sont tous deux
publics, et le secret n'est plus constitué que
par la clé de déchiffrement, différente de la
clé de chiffrement à laquelle elle est cependant mathématiquement liée.
2. Le terme *chiffrage* prenant, en sécurité
informatique, un autre sens que celui de
chiffrement, l'expression *système de chiffrage*, au sens de « système cryptographique », n'est pas retenue.
V. a. **chiffrement (259);**
algorithme de chiffrement (271)
☐ sécurité logique

273. *secret-key system;*
single-key system;
symmetric cryptosystem;
symmetric key system;
one-key cryptosystem
système cryptographique à clé secrète
n. m.;
système à clé symétrique n. m.;
système à clé secrète n. m.;
système à clé partagée n. m.;

système à clé unique n. m.;
système symétrique n. m.
Système cryptographique faisant appel,
pour le chiffrement et le déchiffrement d'un
message, à une clé secrète unique, que les
deux correspondants en communication
sont seuls à connaître.
Notes. — 1. Le système cryptographique
à clé secrète le plus connu est le système
DES, ou *DES* (Data Encryption Standard),
mis au point par IBM et adopté par le
gouvernement américain en 1977. Le sigle
DES est couramment utilisé en français,
bien que le système soit parfois dénommé
NCD (norme de chiffrement des données).
Il s'agit cependant d'un emploi rare.
2. Les systèmes cryptographiques à clé
secrète comportent certains désavantages; ils obligent en effet à la multiplication
et à l'échange de clés secrètes, ce qui pose
le problème de la confidentialité et de la
distribution de ces clés.
☐ sécurité logique

274. *secret key*
clé secrète n. f.
Clé de chiffrement que se partagent l'expéditeur et le destinataire d'un message, le
premier pour chiffrer ce message, le second pour le déchiffrer.
☐ sécurité logique

275. *session key;*
once-only key;
one-time key
clé de session n. f.;
clé de séance n. f.;
clé aléatoire-une-fois n. f.
Dans un système cryptographique à clé
secrète, clé de chiffrement produite sur
demande par un centre de distribution de
clés, chiffrée avec la clé-maître de chacune
des entités désirant entrer en communication, et transmise à ces mêmes entités qui
l'utiliseront comme clé secrète commune
pour une seule session.
☐ sécurité logique

276. *submaster key*
clé-maître n. f.

Clé de chiffrement appartenant à une entité qui la confie à un centre de distribution de clés, et avec laquelle est chiffrée, au besoin, une clé de session.

☐ sécurité logique

277. *key-distribution center*
Abrév. *KDC;*
key distributing center;
network security center;
Abrév. *NSC*
centre de distribution de clés n. m.

Dans un réseau utilisant un système cryptographique à clé secrète, centre où sont produites et chiffrées les clés de session.

☐ sécurité logique

278. *public-key cryptosystem*
Abrév. *PKC;*
public-key system;
two-key system
système cryptographique à clé publique n. m.;
système à clé publique n. m.;
système à deux clés n. m.;
système à clé révélée n. m.;
système asymétrique n. m.

Système cryptographique faisant appel à une biclé pour le chiffrement et le déchiffrement d'un message, ce qui n'oblige pas à l'échange préalable d'une clé secrète entre les interlocuteurs en communication.

Notes. — 1. Le système RSA, ou *RSA* (du nom de ses inventeurs Rivest, Shamir et Adleman), est le système cryptographique à clé publique le plus connu. Système concurrent du DES, il fait appel à la notion de « biclé » d'une part, et à l'utilisation de grands nombres premiers pour établir un lien mathématique pratiquement incassable entre clés publiques et clés privées, d'autre part. Dans l'état actuel des connaissances, le RSA est considéré comme le plus efficace des systèmes cryptographiques à clé publique, et à moins de percées théoriques imprévues en factorisation mathématique, il le restera longtemps.
2. Les systèmes cryptographiques à clé publique simplifient le problème de la gestion des clés, éliminant même totalement la nécessité de centres de distribution de clés puisque, avec ces systèmes, les correspondants n'ont plus besoin de partager avec d'autres les clés, dont l'absolue confidentialité est essentielle. Le détenteur d'une biclé peut en effet porter à la connaissance de tous ses interlocuteurs potentiels la clé publique de sa biclé.

☐ sécurité logique

279. *encryption and decryption key pair;*
key pair
biclé n. f.

Ensemble constitué d'une clé publique et d'une clé privée mathématiquement liées entre elles, formant une paire unique et indissociable pour le chiffrement et le déchiffrement des données, et appartenant à une seule entité.

☐ sécurité logique

280. *public key*
clé publique n. f.;
clé révélée n. f.

Composante de la biclé, laquelle est stockée dans un annuaire accessible à tous les membres d'un réseau ou d'une organisation, et permettant de transmettre en toute confidentialité des messages à son unique propriétaire, ou d'authentifier à l'arrivée des messages émis par ce dernier.

Note. — Dans un système cryptographique à clé publique, la clé publique est habituellement utilisée pour le chiffrement et la clé privée, pour le déchiffrement. Ainsi, tout utilisateur peut envoyer un message secret à l'aide de la clé publique du destinataire pour en chiffrer le contenu, tandis que le destinataire pourra déchiffrer ce message avec sa clé privée, étant seul à la connaître. Toutefois, pour sceller un message, l'expéditeur chiffrera avec sa clé privée, tandis que le destinataire utilisera la clé publique de l'expéditeur pour authentifier le message à l'arrivée. Le chiffrement à l'aide de la clé publique assure la confidentialité du message, tandis que le chiffrement avec la clé privée assure son intégrité, sans garantir sa confidentialité.

☐ sécurité logique

281. *private key;*
     secret key
clé privée n. f.
Terme non retenu : clé secrète

Composante de la biclé, laquelle est connue de son unique propriétaire et utilisée par lui seul pour déchiffrer un message dont il est le destinataire, ou pour signer un message dont il est l'émetteur.

Note. — Le terme *clé secrète*, plus fréquemment employé que *clé privée* pour désigner la notion décrite, n'a pas été retenu puisque, d'une part, il possède une autre acception dans le domaine de la sécurité informatique et que, d'autre part, le terme *clé privée* fait pendant à *clé publique*, le rapport « privé-public » constituant un aspect fondamental des systèmes cryptographiques à clé publique.

V. a. **clé publique (280)**
☐ sécurité logique

282. *directory*
annuaire n. m.

Dans un système cryptographique à clé publique, répertoire des clés publiques et de leurs propriétaires respectifs, lequel est produit et authentifié par une autorité de certification, et que consultent les membres d'un réseau détenteurs de biclés pour s'échanger des messages.

☐ sécurité logique

283. *certificate*
certificat n. m.

Message émis par une autorité de certification, lequel garantit l'authenticité des clés publiques contenues dans un annuaire.

Note. — Dans certains contextes, le terme *certificat* désigne le message garantissant l'authenticité de données qui transitent d'un point à un autre sur un réseau. Lorsque c'est le cas, on parle plutôt de *sceau électronique*, lequel se présente comme un bloc de données dont le contenu est obtenu par un calcul complexe réalisé à partir du message à authentifier. Il y a ainsi compatibilité et cohérence entre un fichier et le sceau qui l'accompagne.

☐ sécurité logique

284. *certification authority*
autorité de certification n. f.

Autorité reconnue pouvant délivrer des certificats.

☐ gestion de la sécurité informatique;
     sécurité logique

285. *transposition;*
     permutation
transposition n. f.;
permutation n. f.

Opération qui consiste à modifier l'ordre des caractères du texte en clair suivant des règles précises, déterminées par une clé de chiffrement.

Note. — On appelle *transposition avec expansion* une transposition dans laquelle les mêmes caractères sont utilisés plusieurs fois.

☐ sécurité logique

286. *substitution*
substitution n. f.

Opération qui consiste à remplacer chaque caractère ou chaque groupe de caractères du texte en clair par un ou plusieurs autres caractères pris dans un alphabet de substitution, et dont les modalités sont déterminées par une clé de chiffrement.

☐ sécurité logique

287. *monographic substitution*
substitution monographique n. f.

Substitution dans laquelle chaque caractère du message en clair est remplacé soit par un seul autre caractère, soit par un groupe de caractères.

Notes. — 1. Le terme français proposé en entrée n'est pas recensé dans la documentation consultée. De la même façon qu'on ne parle pas, en anglais, des deux types de substitution monographique, on ne parle en français que de ceux-ci, sans que jamais il ne soit fait mention d'un terme regroupant les deux acceptions.
2. On distingue : *a*) les substitutions simples, dans lesquelles chaque caractère de l'alphabet ayant servi à produire le message en clair est remplacé par un autre caractère singulier appartenant à un second alphabet, dit *alphabet de chiffrement*; *b*) les substitutions homophoniques, dans lesquelles chaque caractère de l'alphabet ayant servi à produire le message en clair est remplacé par un ensemble d'éléments du cryptogramme (groupe de caractères) appelés *homophones*.

☐ sécurité logique

288. *polygraphic substitution;*
    block encipherment;
    block encryption
substitution de polygrammes n. f.;
chiffrement par bloc n. m.;
chiffrement bloc n. m.

Substitution dans laquelle un ensemble de caractères du message en clair, constituant un bloc, est remplacé par un groupe de caractères de taille égale ou plus importante, appartenant à un ou plusieurs alphabets de chiffrement.

Note. — Les termes *chiffrement par bloc* et *chiffrement bloc* sont plus courants dans l'usage que *substitution de polygrammes*.

☐ sécurité logique

289. *polyalphabetic substitution*
substitution polyalphabétique n. f.

Substitution dans laquelle un ensemble d'alphabets différents, tous dérivés d'un alphabet de chiffrement initial, sont utilisés cycliquement pour le chiffrement, correspondant ainsi à un algorithme périodique.

☐ sécurité logique

290. *expansion*
expansion n. f.

Procédé qui consiste à rallonger un texte en employant les mêmes caractères de chiffrement plusieurs fois.

Note. — L'expansion est toujours utilisée avec d'autres techniques, car un chiffrement n'utilisant que ce système serait facilement découvert.

☐ sécurité logique

291. *data compression;*
    compression
compression de données n. f.

Opération qui consiste à réduire la taille des informations en leur appliquant un algorithme spécialisé, de manière à diminuer l'espace mémoire qu'elles occupent en stockage ou la durée de leur transmission.

Notes. — 1. L'algorithme de compression utilisé dépend du type de données à traiter (textes, son, images, etc.). Il peut résulter de cette opération, lors de la relecture, une perte d'information, par exemple pour le son et l'image, mais si minime que l'œil ou l'oreille ne peuvent la détecter.
2. On appelle *taux de compression* le rapport entre la taille des informations avant compression et la taille des informations après compression.
3. On appelle *décompression* l'opération inverse de la compression, laquelle consiste à restituer les données sous leur forme initiale. Il faut un programme de lecture utilisant le même algorithme pour pouvoir décompresser les données, et les lire.

☐ sécurité logique

292. *compaction;*
   data compression;
   packing
compactage de données n. m.;
tassement n. m.

Opération qui consiste à réduire la taille des informations en supprimant les blancs, redondances et autres données inutiles, de manière à diminuer l'espace mémoire qu'elles occupent une fois stockées ou la durée de leur transmission.

Notes. — 1. Le terme *compactage* désigne également l'opération qui consiste à réduire la longueur du message à transmettre en supprimant, selon une règle déterminée, un certain nombre de caractères qu'il contient, et à les transmettre séparément au destinataire qui verra alors à leur réinsertion dans le message pour en reconstituer le texte initial. Cette acception tout à fait particulière et peu fréquente du terme *compactage* est propre à la sécurité informatique.
2. Le compactage de données s'effectue indépendamment du type de données à traiter. Les caractères supprimés n'altèrent aucunement le sens du message et n'entraînent aucune perte d'information. Toutefois, les données compactées ne sont pas directement utilisables dans un traitement. Elles doivent être décompactées, et leur lecture subséquente pourra nécessiter l'emploi d'un utilitaire externe.
3. On appelle *étage* une combinaison des techniques de compactage, de substitution et de transposition. Un étage permet d'éliminer les insuffisances propres à chacune de ces techniques.

V. a. **compression de données (291)**
☐ sécurité logique

293. *network security*
sécurité des réseaux n. f.

Protection des réseaux informatiques contre la destruction, le sabotage, l'accès non autorisé et l'interférence accidentelle ou intentionnelle avec les opérations normales d'échange de données, obtenue par la mise en œuvre de mesures touchant en particulier les liaisons intercentres.

Note. — Dans le contexte précis de la gestion des risques, la sécurité d'un réseau est moins liée à la nature et à la typologie du réseau lui-même qu'à la multitude de relations intercentres et interapplications développées dans les réseaux.

☐ sécurité logique

294. *traffic flow security*
confidentialité du trafic n. f.;
confidentialité du flux de données n. f.;
secret du flux n. m.

Protection des données en transit, obtenue par l'envoi systématique, sur la ligne de télécommunication, de bits de bourrage de manière à occuper la ligne en permanence et dissimuler ainsi la présence de messages valides.

☐ sécurité logique

295. *traffic padding;*
   padding
bourrage n. m.;
remplissage n. m.

Action qui consiste à émettre des signaux de manière continue, afin de protéger la confidentialité du flux sur une ligne ou un réseau.

☐ sécurité logique

296. *route*
route n. f.;
voie d'acheminement n. f.;
chemin n. m.

Itinéraire qu'emprunte le message sur les artères de transmission d'un réseau, depuis son point d'émission jusqu'à son point de destination.

☐ sécurité logique

297. *routing*
routage n. m.;
acheminement n. m.

Détermination de la route que doit emprunter un message pour parvenir à destination.

Note. — Si le routage s'effectue en tenant compte de la disponibilité des nœuds à un moment donné, on parle alors de *routage adaptatif.*

☐ sécurité logique

298. *routing control*
contrôle de routage n. m.;
contrôle d'acheminement n. m.

Application, au cours du processus de routage, d'un ensemble de règles permettant de choisir ou d'éviter des réseaux, liaisons ou relais spécifiques.

Note. — Le contrôle de routage peut être une opération dynamique établie par préarrangements. Par exemple, l'utilisateur peut contrôler la séquence physique, un sous-réseau, un relais ou des liaisons particulières. Il peut également avoir à modifier une route si celle-ci présente un risque d'attaque informatique.

☐ sécurité logique

299. *end-to-end encryption;*
end-to-end encipherment
chiffrement de bout en bout n. m.

Chiffrement des données effectué à l'origine, dans le système émetteur, le déchiffrement correspondant ne se faisant qu'à l'arrivée, dans le système récepteur.

Note. — Dans le chiffrement de bout en bout, l'information de routage n'est pas chiffrée, mais le contenu du message l'est pendant toute la durée de la transmission.

☐ sécurité logique

300. *link encryption;*
link-by-link encryption;
link-by-link encipherment
chiffrement de lien n. m.;
chiffrement de nœud en nœud n. m.;
chiffrement de voie n. m.

Chiffrement, sur chaque lien du système de communication, de la totalité des données en transit, celles-ci y étant remises en clair pour la lecture de l'information de routage avant d'être entièrement chiffrées à nouveau pour la poursuite de la transmission.

Notes. — 1. Dans le chiffrement de lien, les données transitent à travers un système dans lequel elles sont déchiffrées à chaque nœud de commutation pour la lecture de l'information de routage, puis chiffrées à nouveau et transmises progressivement via la prise de commutation appropriée.
2. Dans le chiffrement de lien, chaque relais de transfert utilise sa propre clé.

☐ sécurité logique

301. *scrambling*
brouillage n. m.

Perturbation délibérément produite au moment de la transmission de la voix ou des données, dans le but de rendre l'information transmise inintelligible.

☐ sécurité logique

Chapitre IV

Délits informatiques

302. *computer crime;*
computer-related crime
délit informatique n. m.;
crime informatique n. m.

Acte illicite perpétré par le moyen de l'informatique, ou ayant pour cible le système informatique ou l'un de ses éléments.

Notes. — 1. On classe généralement les délits informatiques en quatre catégories : *a*) le vol et le sabotage du matériel tel que les claviers, imprimantes, écrans, supports, etc.; *b*) la fraude informatique et le sabotage immatériel (détournement de fonds, antiprogrammes, etc.); *c*) les indiscrétions et détournements d'information, lesquels sont au cœur même de l'espionnage commercial et industriel; *d*) les détournements de logiciels par copie illicite.
2. Comme l'illustre la définition, le délit informatique peut être commis par des moyens informatiques, ou être dirigé contre le système informatique. Le système informatique est l'instrument du délit, par exemple, dans la falsification de données et la fraude informatique. Quant aux actes délictueux dirigés contre le système, ils sont beaucoup plus nombreux et variés, allant de l'accès non autorisé au vol de données ou de temps machine, du piratage de logiciels au sabotage matériel ou immatériel.
3. La distinction entre *crime informatique* et *délit informatique* semble ténue en sécurité informatique; les auteurs emploient les deux termes aussi fréquemment l'un que l'autre, et dans la même acception. Nous ne faisons ici que rendre compte de l'usage dans le domaine.

4. Les termes *délinquance informatique* et *criminalité informatique* désignent l'ensemble des actes criminels considérés du point de vue de leur nature, de leur fréquence, en tant que phénomène social. On dira ainsi, par exemple, qu'il y a régression de la criminalité informatique, qu'il faut dresser le portrait de la délinquance informatique, etc.
5. Les termes *criminalité en col blanc* et *délinquance en col blanc* désignent l'ensemble des actes criminels perpétrés sans le recours à la contrainte physique. La criminalité informatique constitue une forme de criminalité en col blanc.

☐ délits informatiques

303. *computer criminal*
criminel informatique n. m.

Personne qui, possédant une connaissance souvent approfondie du fonctionnement des ordinateurs ou des installations d'un centre, en fait usage pour commettre un ou des délits informatiques.

Notes. — 1. Le criminel informatique n'est pas marginal ou inadapté, mais au contraire bien intégré dans son environnement social et professionnel. Il bénéficie souvent d'un statut social correspondant à un niveau d'éducation beaucoup plus élevé que la moyenne des délinquants traditionnels.
2. Les contextes relevés montrent à l'évidence que le terme *criminel informatique* est un générique. En effet, on regroupe sous cette appellation aussi bien les espions que les pirates et les fraudeurs. Certaines distinctions peuvent être faites entre ces diverses catégories de criminels infor-

matiques. Ainsi, les pirates et les fraudeurs convoitent l'information et agissent par voie logique; ce sont des informaticiens dont les buts peuvent être aussi bien le jeu que l'intérêt. Quant aux espions, bien que convoitant eux aussi l'information, ils agissent par voie physique, toutes les formes d'espionnage électronique exigeant, pour se réaliser, une intervention physique quelconque. Enfin, une autre catégorie de criminels informatiques agissant par voie physique serait constituée par les malfaiteurs qui, eux, cherchent à voler, détruire ou endommager l'équipement et les ressources physiques.

☐ délits informatiques

304. *computer abuse;*
computer-related abuse
malveillance informatique n. f.

Acte délibéré et malhonnête qui affecte, avec plus ou moins de gravité, la disponibilité, la confidentialité ou l'intégrité des ressources informatiques et ce, sans qu'une loi spécifique ne soit nécessairement transgressée.

Notes. — 1. En français, le mot *malveillance* désigne en propre l'intention de nuire; le terme *malveillance informatique* met l'accent sur le caractère de déloyauté de l'acte. 2. Indiscrétions, détournements, fraudes, sabotages et vols constituent des actes de malveillance informatique, lesquels peuvent être répartis en trois catégories selon le degré de gravité : *a)* les abus mineurs, qui ne constituent pas une violation à la loi et n'ont pas d'impact sur la disponibilité ou le fonctionnement du système informatique, ni sur la continuité de service; *b)* les abus majeurs, éventuellement criminels, qui ont un impact sur la qualité du service informatique; *c)* les actes criminels, délits sanctionnés par la loi, qui portent atteinte à l'intégrité du système informatique.

☐ délits informatiques

305. *computer fraud*
fraude informatique n. f.

Délit informatique qui consiste à utiliser ou

à falsifier des données stockées, en traitement ou en transit, afin d'en retirer des avantages personnels ou des gains financiers.

Note. — Les fraudes informatiques se répartissent en trois grandes catégories : *a)* la falsification des états financiers; *b)* le détournement d'actifs; *c)* la vente ou la divulgation d'informations. Le système informatique sert d'instrument dans la préparation, l'exécution et le camouflage de la fraude.

☐ délits informatiques

306. *fraudor*
fraudeur informatique n. m.

Personne qui commet une fraude informatique.

☐ délits informatiques

307. *computer embezzlement;*
embezzlement
détournement informatique n. m.

Action de soustraire à son profit des biens informatiques auxquels un accès a été accordé.

Notes. — 1. Le terme *détournement informatique* est peu utilisé. Il est toutefois très utile car, d'une part, il regroupe sous une même appellation tous les types de détournements relatifs à l'équipement informatique ou effectués par des moyens informatiques et, d'autre part, il permet de distinguer les délits ayant cours depuis longtemps, mais qui sont commis aujourd'hui par le moyen de l'informatique (tels certains détournements de fonds), et les autres types de délits. 2. Lorsque l'on parle de *détournement informatique*, il peut s'agir soit de biens informatiques immatériels tels que les fichiers, soit de biens informatiques matériels tels que les disquettes ou les ordinateurs, soit, enfin, de sommes d'argent détournées par des moyens informatiques. 3. Il ne faut pas confondre les termes *détournement d'informations* et *sabotage immatériel*. D'une part, le détournement n'implique pas une modification des fichiers;

d'autre part, les vers, virus, chevaux de Troie et bombes logiques qui sont à l'origine du sabotage immatériel ne sont pas lucratifs pour leur auteur, bien que leurs conséquences puissent être beaucoup plus graves.
4. Le détournement d'informations porte sur des fichiers et ne se manifeste par aucune appropriation illégale d'un bien matériel.
5. Le terme *détournement de biens* a un sens plus large que *détournement d'informations*. Outre les fichiers qui constituent des biens immatériels, le terme désigne tout type de bien informatique, matériel ou immatériel.
6. Le détournement de fonds porte sur des sommes d'argent détenues à titre précaire. Le saucissonnage (*technique du salami*) est une forme de détournement de fonds.

☐ délits informatiques

308. *data corruption;*
data contamination;
alteration of data
altération de données n. f.;
violation de l'intégrité des données n. f.;
atteinte à l'intégrité des données n. f.
Terme à éviter : contamination des données

Modification non autorisée des données, laquelle constitue une atteinte, volontaire ou accidentelle, à leur intégrité, et d'où résulte un préjudice pour l'organisation qui les détient.

Notes. — 1. Par opposition à *altération de données*, le terme *modification de données* désigne une opération normale et autorisée de mise à jour des données.
2. Il règne une certaine confusion entre *altération de données* et *falsification de données*. Si les deux termes font référence à une modification non autorisée effectuée sur les données, le premier a trait à un acte pouvant être aussi bien accidentel que malveillant. L'altération implique que les données, toujours à la disposition de leur propriétaire, ont été modifiées d'une façon

que celui-ci ignore, volontairement ou non, et qu'on ne peut donc plus compter sur leur exactitude et leur intégrité. La falsification est une notion plus spécifique désignant une action volontaire en vue de tromper, de nuire ou de réaliser un profit illicite.
3. L'expression *contamination des données* est une traduction abusive du terme anglais *data contamination*. Si le mot anglais a bien le sens de « rendre impropre à l'usage ou inadéquat quelque chose auquel on a ajouté un élément indésirable, fait subir un traitement malveillant », le mot français *contamination* n'a pas ce sens.
4. En sécurité informatique, le terme anglais *contamination* prend également le sens de « mélange ou amalgame de données ayant des niveaux de sécurité différents ». Ainsi, les données du niveau de sécurité le plus bas sont dites *contaminées* par celles d'un niveau de sécurité plus élevé, ce qui peut entraîner une protection insuffisante des données contaminantes. Compte tenu du sens du mot français *contamination*, l'expression *contamination des données*, pourrait, dans ce cas précis, être acceptable.

☐ délits informatiques

309. *data tampering;*
data manipulation;
deception of data
falsification de données n. f.
Terme à éviter : manipulation de données

Altération frauduleuse des données pendant leur stockage, leur traitement ou leur transmission, afin d'en fausser le sens, la valeur ou la destination.

Note. — Le terme *manipulation de données* est une traduction littérale de *data manipulation*. Dans le vocabulaire français de l'informatique, *manipulation* a le sens de « traitement des données ». Le mot *falsification* est, ici, beaucoup plus juste pour désigner la notion décrite.

V. a. **altération de données (308)**
☐ délits informatiques

310. *browsing*
furetage n. m.;
recherche au hasard n. f.

Exploration non autorisée d'un ensemble de données stockées en mémoire, dans le but de trouver des informations sensibles qui peuvent ne pas être connues au départ.

V. a. **récupération illicite (311)**

☐ délits informatiques

311. *scavenging*
récupération illicite n. f.;
cannibalisation n. f.;
farfouillage n. m.

Recherche physique ou électronique de données résiduelles afin d'acquérir de l'information pour exploitation ultérieure non autorisée.

Notes. — 1. Bien que les termes anglais *scavenging* et *browsing* soient parfois donnés comme synonymes, la consultation des documents permet de les distinguer nettement; la récupération illicite, qu'elle soit physique ou électronique, s'effectue toujours sur des données mises au rebut mais encore accessibles, ce qui n'est pas le cas du furetage.
2. La récupération illicite, si elle est de nature physique, consiste à « faire les poubelles » ou à fouiller les bureaux, par exemple pour récupérer des listages mis au rebut ou des disquettes périmées mais non effacées. Si elle s'effectue à l'ordinateur, la récupération illicite consiste à chercher les données inactives qui n'ont pas fait l'objet d'un contrôle de données résiduelles, et qui n'ont donc pas été effacées comme elles auraient dû l'être.

☐ délits informatiques

312. *salami technique;*
salami method;
salami
saucissonnage n. m.;
technique du salami n. f.;
salami n. m.;
technique du saucisson n. f.;
saucisson n. m.

Fraude informatique qui consiste à détourner, sur une longue période, des sommes d'argent infimes provenant soit d'erreurs de calcul dans de multiples opérations comptables, soit des arrondis d'un très grand nombre de comptes bancaires, à les accumuler dans un compte pour les récupérer ultérieurement, lorsqu'elles sont devenues importantes.

☐ délits informatiques

313. *insertion*
insertion n. f.

Introduction de codes parasites à l'intérieur d'un message autorisé, ce dernier devenant alors le véhicule porteur d'un faux message à l'insu de l'émetteur.

☐ délits informatiques

314. *replay*
réinsertion n. f.;
répétition n. f.;
rejeu n. m.

Réémission frauduleuse d'un message, ou d'une partie de message, préalablement enregistré lors d'une communication antérieure valide.

Note. — La réinsertion d'un message peut être à l'origine d'une opération financière frauduleuse si, par exemple, l'imposteur a réémis un ordre de virement de fonds, et que ce virement est effectué deux fois.

☐ délits informatiques

315. *impersonation;*
masquerade
déguisement n. m.;
mascarade n. f.;
usurpation d'identité n. f.

Acte qui consiste à usurper l'identité d'un utilisateur autorisé du système informatique afin d'obtenir, grâce aux droits d'accès de ce dernier, des données convoitées, ou de se livrer à des opérations non autorisées sur celles-ci.

☐ délits informatiques

316. *spoofing*
mystification n. f.;
arnaque n. f.;
tromperie n. f.

Tentative délibérée d'amener un utilisateur autorisé à se livrer à son insu à un acte préjudiciable pour lui-même ou pour son organisation, en lui laissant croire à tort qu'il est en communication avec le système informatique.

Note. — La mystification vise, le plus souvent, à obtenir de l'information pour laquelle aucun accès n'a été accordé, en amenant l'utilisateur légitime détenant cet accès privilégié à fournir son mot de passe.

☐ délits informatiques

317. *spoofing program*
programme espion n. m.

Programme informatique malveillant qui permet la mystification.

☐ délits informatiques

318. *computer hacking;*
computer burgling;
hacking;
piracy
piratage informatique n. m.
Termes à éviter : piraterie informatique;
hacking

Délit informatique qui consiste à s'approprier un concept logiciel en vue d'une exploitation ultérieure, à violer l'intégrité d'un système dans un but malveillant ou à copier des informations sans permission pour les diffuser ou les vendre.

Notes. — 1. Comme l'illustre bien la définition, le piratage informatique peut prendre trois formes : *a)* copie frauduleuse de logiciels ou de matériels; *b)* pénétration des réseaux et banques de données; *c)* introduction d'antiprogrammes pour contaminer un système.
2. Le terme *piraterie* désigne spécifiquement un acte d'hostilité, de déprédation ou de violence commis en mer contre un navire. Par extension, on parle également de *piraterie aérienne*. Le terme *piratage* désigne l'action de voler ou de copier quelque

chose. C'est donc le seul qui s'emploie dans le contexte de la sécurité informatique.

☐ délits informatiques

319. *software piracy*
piratage de logiciels n. m.;
pillage de logiciels n. m.
Terme à éviter : piraterie de logiciels

Piratage informatique relatif à la copie illégale de logiciels en vue de les utiliser, de les diffuser ou de les vendre.

Note. — Le piratage de logiciels peut prendre les formes suivantes : *a)* déplombage du logiciel, qui supprime les protections interdisant les copies illégales; *b)* simple copie d'un logiciel qui n'est pas plombé.

V. a. **piratage informatique (318)**
☐ délits informatiques

320. *pirated software*
copie illicite de logiciel n. f.;
logiciel piraté n. m.;
logiciel pirate n. m.

Double d'un logiciel, produit sans l'autorisation du créateur ou des détenteurs du droit d'auteur.

Notes. — 1. Travailler avec une copie illicite de logiciel présente l'inconvénient, pour son détenteur, de le priver de la documentation, du soutien technique ainsi que des versions subséquentes du produit.
2. La seule reproduction licite d'un logiciel est la copie de sauvegarde. Dans les contrats de concession de logiciels, les utilisateurs sont en effet autorisés à effectuer cette seule duplication pour des raisons de sécurité.
3. On appelle *copie servile* la copie de logiciel ne comportant aucune dissimulation de l'origine réelle du produit ni modification d'aucune sorte, et *copie dérivée* la copie ayant fait l'objet d'un véritable travail de modification du programme source, donnant lieu à la fabrication d'un « nouveau » logiciel, mais contenant en réalité une grande part d'emprunts plus ou moins dissimulés.

☐ délits informatiques

321. *cloned software*
clone logiciel n. m.;
clone de logiciel n. m.

Copie, illégale ou non, d'un logiciel d'une marque connue et prestigieuse, beaucoup moins chère à l'achat que le produit original, et exécutant à l'identique les mêmes fonctions que ce dernier.

Notes. — 1. Le clonage de logiciels est licite ou ne l'est pas. Dans ce dernier cas, on parle de *clonage illégal*.
2. Le terme *clone* est emprunté à la biologie. Employé absolument dans le domaine de l'informatique, il a d'abord trait aux ordinateurs. Dans son premier sens, en effet, il se rapporte à des matériels calqués en tout point sur les séries courantes et compatibles avec celles-ci. Ce n'est que par extension qu'il en est venu à désigner la copie conforme d'un logiciel. Aussi vaut-il mieux parler, pour ce dernier cas, de *clone logiciel*.

☐ sécurité informatique

322. *cracker;*
        computer hacker;
        hacker
pirate informatique n.;
braqueur informatique n. m.
Terme à éviter : hacker

Criminel informatique qui exploite les failles dans une procédure d'accès pour casser un système informatique, qui viole l'intégrité de ce système en dérobant, altérant ou détruisant de l'information, ou qui copie frauduleusement des logiciels.

☐ délits informatiques

323. *computer hacker;*
        hacker
mordu de l'informatique n. m.;
bidouilleur n. m.;
fouine n. f.
Terme à éviter : hacker

Personne passionnée d'informatique qui, par jeu, curiosité, défi personnel ou par souci de notoriété, sonde, au hasard plutôt qu'à l'aide de manuels techniques, les possibilités matérielles et logicielles des systèmes informatiques afin de pouvoir éventuellement s'y immiscer.

Note. — On assimile parfois le mordu de l'informatique au pirate, en partie parce que les deux notions sont souvent désignées par le même terme anglais (*hacker*). Le pirate informatique possède bien évidemment les capacités techniques du mordu de l'informatique mais, à la différence de ce dernier, il les utilise pour violer les systèmes informatiques et effectuer des actions malveillantes ou illicites. Au contraire, le bidouillage est avant tout un sport pour ses adeptes, lesquels forment même parfois des clubs (ex. : Chaos Computer Club). Ils se servent alors des réseaux comme point de ralliement. Les mordus de l'informatique sont hostiles à tout système qui ne laisse pas une totale liberté de pénétrer les arcanes du système d'exploitation; toute barrière à l'accès exalte leur persévérance et leur obstination.

☐ sécurité informatique

324. *computer attack*
attaque informatique n. f.

Tentative de violation de la sécurité des données.

Note. — Une attaque informatique, de quelque nature qu'elle soit, n'est pas nécessairement fructueuse. La réussite est fonction de la vulnérabilité du système informatique et de l'efficacité plus ou moins grande des contre-mesures mises en place pour neutraliser de telles actions.

☐ délits informatiques

325. *active attack*
attaque active n. f.

Attaque informatique qui consiste à altérer des informations stockées, en cours de traitement ou transitant sur un réseau, ce qui en compromet l'intégrité.

Note. — Les perturbations du service dont les manifestations les plus graves peuvent être la saturation d'un réseau, l'insertion de messages parasites, la destruction volontaire ou l'altération d'informations, la réinsertion, le détournement de sessions en cours ou de programmes téléchargés constituent des exemples d'attaques actives.

☐ délits informatiques

326. *passive attack*
attaque passive n. f.

Attaque informatique qui consiste soit à enregistrer, généralement grâce à l'écoute électronique, les informations transitant sur un réseau ou en cours de traitement, soit à copier des informations stockées, ce qui compromet la confidentialité des unes et des autres.

Note. — L'indiscrétion, l'analyse de trafic, la copie de fichiers ou de programmes sont les trois manifestations les plus caractéristiques d'une attaque passive.

☐ délits informatiques

327. *cryptanalysis*
analyse cryptographique n. f.;
cryptanalyse n. f.

Attaque informatique visant à rétablir en clair un cryptogramme, sans connaissance préalable de la clé employée dans l'algorithme de chiffrement.

☐ délits informatiques

328. *brute-force attack;*
exhaustion attack;
exhaustive attack
attaque en force n. f.;
attaque à outrance n. f.;
attaque frontale n. f.

Analyse cryptographique qui consiste à essayer systématiquement toutes les clés de chiffrement possibles ayant pu être utilisées pour produire un cryptogramme.

☐ délits informatiques

329. *analytical attack*
attaque analytique n. f.

Analyse cryptographique qui consiste à étudier l'algorithme de chiffrement afin d'en

trouver les failles et d'en déduire la clé de chiffrement utilisée pour produire un cryptogramme.

☐ délits informatiques

330. *code-breaking*
décryptage n. m.

Déchiffrement d'un cryptogramme lorsqu'une analyse cryptographique permet de découvrir la clé ayant servi à le produire.

Notes. — 1. Le terme *décrypter* signifie « rétablir en clair, sans en connaître la clé, un cryptogramme qui ne nous est pas destiné ».
2. *Déchiffrer* et *décrypter* sont souvent employés indifféremment l'un pour l'autre, à tort. Déchiffrer un message suppose que l'on possède la clé. Au contraire, le décryptage consiste à casser l'algorithme (le procédé de calcul) sans en avoir la clé.

☐ délits informatiques

331. *inference*
inférence n. f.

Déduction de données confidentielles par recoupement de données non sensibles auxquelles une personne ou toute autre entité a normalement accès.

Note. — On appelle *risque d'inférence* le risque informatique lié à la possibilité de découvrir des informations confidentielles par recoupement de données non sensibles.

V. a. **contrôle d'accès (127)**
☐ délits informatiques

332. *traffic analysis*
analyse de trafic n. f.

Acte d'inférence à partir de l'observation des caractéristiques du trafic plutôt que du contenu de la transmission.

Note. — Par exemple, la simple observation du volume des échanges fournit des informations très intéressantes sur les relations d'affaires qu'entretiennent les correspondants. En effet, c'est l'observation du volume des informations échangées sur les lignes qui caractérise l'analyse de trafic, et plus précisément, les variations dans le volume du trafic habituel. Le bourrage a précisément pour but d'empêcher l'analyse de trafic.

☐ délits informatiques

333. *computer sabotage;*
sabotage
sabotage informatique n. m.

Acte intentionnel et clandestin, pouvant être brutal ou insidieux, qui vise à perturber ou à empêcher le fonctionnement normal d'un système informatique.

☐ délits informatiques

334. *immaterial sabotage*
sabotage immatériel n. m.

Sabotage informatique effectué par voie logique et visant à détruire ou à altérer les données ou les programmes informatiques.

Notes. — 1. Par opposition à *sabotage immatériel*, le terme *sabotage matériel* a trait au sabotage d'une ressource physique, qu'il s'agisse de l'équipement ou des supports de données.
2. Le sabotage immatériel peut notamment prendre la forme d'une infection informatique.

☐ délits informatiques

335. *total immaterial sabotage*
sabotage immatériel total n. m.
Abrév. **SIT**

Sabotage immatériel touchant particulièrement des fichiers sensibles et hautement stratégiques pour l'organisation qui les détient.

Note. — Une organisation qui subit un sabotage immatériel total voit sa survie menacée.

☐ délits informatiques

336. *malicious program;*
malignant program;
malicious logic;
malicious code
antiprogramme n. m.;
programme malveillant n. m.

Programme ou partie de programme destiné à perturber, altérer ou détruire tout ou partie des éléments logiques indispensables au bon fonctionnement d'un système informatique.

Note. — On distingue principalement quatre types d'antiprogrammes : les virus informatiques, les vers, les chevaux de Troie et les bombes logiques.

☐ délits informatiques

337. *computer infection;*
infection
infection informatique n. f.

Résultat de l'introduction d'un antiprogramme dans un système informatique.

Note. — Les symptômes d'une infection informatique sont de deux ordres : mise en œuvre d'une fonction destructrice et modification de l'environnement de travail. Le premier cas est évidemment le plus défavorable, l'antiprogramme signalant lui-même sa présence au moment voulu par son concepteur alors que les destructions ont déjà commencé. C'est pour éviter d'en arriver là que l'on cherche à détecter les antiprogrammes à partir des symptômes qui résultent de leur seule présence, même inactive, dans le système infecté.

☐ délits informatiques

338. *computer virus;*
virus
virus informatique n. m.

Antiprogramme dont l'exécution est déclenchée lorsque le vecteur auquel il a été attaché clandestinement est activé, qui se recopie au sein d'autres programmes ou sur des zones systèmes lui servant à leur tour de moyen de propagation, et qui produit les actions malveillantes pour lesquelles il a été conçu.

Notes. — 1. Un virus informatique peut comporter une bombe logique ou un cheval de Troie.
2. Un virus dont le code donne naissance à une famille de variantes porte le nom de *virus souche* (ou *souche*).
3. Le terme *virus mutant* (ou *souche mutante*) désigne un virus créé à partir d'un virus déjà existant.

☐ délits informatiques

339. *Boot*
virus système n. m.

Virus informatique qui se greffe sur une zone ou un fichier du système d'exploitation.

Notes. — 1. On appelle *virus du secteur de partition* un type particulier de virus système qui se greffe sur le secteur de partition du premier disque dur. Ce secteur contient une table des partitions, laquelle est constituée de données relatives à l'organisation du disque, et qui ne peut être contaminée, seulement endommagée. Le virus du secteur de partition, bien que rare, présente un intérêt théorique pour son auteur puisque, une fois chargé en mémoire, il lui devient possible de contrôler toute la séquence des opérations exécutées par l'ordinateur.
2. Les virus systèmes infectent le secteur de démarrage d'une disquette ou d'un disque dur (*virus du secteur de démarrage*) ou endommagent la table des partitions d'un disque dur (*virus du secteur de partition*). En pratique toutefois, on définit très souvent le virus système comme un virus informatique dont le vecteur de contamination est constitué exclusivement par le secteur de démarrage des supports. L'infection du secteur de partition ne permet pas à un virus de se propager vers d'autres ordinateurs, cette transmission ayant généralement lieu par l'intermédiaire de disquettes contaminées, lesquelles ne contiennent pas de secteur de partition. L'auteur d'un virus du secteur de partition doit donc prévoir un autre vecteur d'infection, soit un programme exécutable, soit un secteur de démarrage sur disquette. Ces opérations compliquent l'écriture des virus du secteur de partition,

ce qui explique leur extrême rareté (3 à 5 % des virus connus), et le fait que les virus systèmes sont presque toujours assimilés aux seuls virus du secteur de démarrage.

☐ délits informatiques

340. *boot sector virus*
virus du secteur de démarrage n. m.

Virus système dont le vecteur de contamination est constitué par le secteur de démarrage des supports.

Note. — Le secteur de démarrage présente un intérêt certain pour les auteurs de virus informatiques puisqu'il est présent sur tous les ordinateurs et sur de nombreuses disquettes. Chargé en mémoire avant tout autre programme, en particulier avant les logiciels antivirus, le virus du secteur de démarrage prend le contrôle total de l'ordinateur.

☐ délits informatiques

341. *file-infecting virus;*
file virus
virus programme n. m.;
virus des applicatifs n. m.

Virus informatique dont le vecteur de contamination est constitué par les programmes exécutables.

Note. — Les virus programmes se classent en plusieurs catégories, dont les virus par recouvrement, les virus par entrelacement et les virus par ajout.

☐ délits informatiques

342. *overwriting virus*
virus par recouvrement n. m.

Virus programme qui, pour ne pas modifier la taille du programme à l'intérieur duquel il est installé, écrase une partie du code de ce programme, le détruisant ainsi partiellement.

Notes. — 1. On appelle *virus par entrelacement* un virus programme qui, pour ne pas modifier la taille du fichier à l'intérieur duquel il est installé, insère son propre code dans les différentes zones non utilisées du programme hôte. Le virus par recouvrement et le virus par entrelacement ont donc ceci de commun qu'ils n'ajoutent pas leur code à celui du programme hôte. Le virus par recouvrement écrase une partie du code du programme hôte pour insérer ensuite le sien propre dans l'espace devenu libre à la suite de la destruction qu'il a opérée, et le virus par entrelacement occupe des espaces déjà libres dans le programme hôte. 2. La force du virus par recouvrement et du virus par entrelacement réside dans le fait qu'ils ne modifient pas la taille du programme infecté. Ainsi, le repérage fondé sur les variations de taille (avec un vérificateur de somme de contrôle, par exemple) restera inopérant. Toutefois, le programme infecté ne pourra plus s'exécuter tout à fait normalement puisqu'il est altéré. On pourra donc détecter le virus par recouvrement et le virus par entrelacement en raison des dysfonctionnements qu'ils provoqueront.

☐ délits informatiques

343. *non-overwriting virus*
virus par ajout n. m.

Virus programme qui modifie sans le détruire le programme à l'intérieur duquel il est installé, mais qui augmente la taille de ce programme de la sienne propre.

Note. — Comme l'indique son appellation, le virus par ajout « s'ajoute » au programme hôte, auquel il laisse toutefois le contrôle des opérations. Le programme infecté fonctionne donc, ou plutôt, semble fonctionner normalement. Ce bon fonctionnement apparent peut retarder la détection du virus. Cependant, puisque le virus par ajout greffe son code sur le programme hôte, il en augmente la taille, et tout repérage fondé sur une telle variation (avec un vérificateur de somme de contrôle, par exemple) amènera sa détection immédiate.

☐ délits informatiques

344. *boot-and-file virus*
virus multimode n. m.;
virus à infection multiple n. m.

Virus informatique pouvant contaminer à la fois des zones du système d'exploitation et des programmes exécutables.

Note. — Le virus multimode combine l'action d'un virus système et celle d'un virus programme. Sa capacité de contamination s'en trouve donc augmentée.

☐ délits informatiques

345. *stealth computer virus;*
stealth virus;
stealthy virus
virus furtif n. m.
Terme à éviter : virus stealth

Virus informatique capable de masquer la contamination qu'il a opérée et d'échapper ainsi à la détection.

Notes. — 1. Ces virus indétectables sont appelés *virus furtifs*, par analogie avec l'avion de combat furtif F-117 (*stealth Fighter*) qui camoufle son écho radar et sa signature infrarouge, devenant ainsi invisible sur les écrans radars et donc pratiquement impossible à détecter. 2. Il existe plusieurs « niveaux de furtivité », mais les virus furtifs camouflent leur présence en renvoyant, des fichiers ou des secteurs infectés, une image tout à fait conforme à leur état d'avant l'infection. Ils peuvent notamment compresser les programmes infectés afin que la taille de ces derniers ne soit pas augmentée du fait de leur présence, ou chiffrer leur code exécutable à l'aide d'un algorithme de compression d'informations binaires.

☐ délits informatiques

346. *polymorphic computer virus*
virus polymorphe n. m.;
virus autotransformable n. m.

Virus informatique capable de se modifier lui-même en chiffrant son code exécutable, au fur et à mesure de la contamination, au moyen de plusieurs algorithmes de compression choisis aléatoirement, afin de dissimuler sa forme première et de présenter une apparence différente après chaque duplication.

Note. — Pour détecter un virus polymorphe, il ne suffit plus d'en comprendre le fonctionnement particulier mais, au contraire, de se livrer à une étude de fond de son fonctionnement intime et des instructions qu'il contient avant d'être sûr que la signature isolée compose réellement la partie immuable du code. Ce travail peut prendre plusieurs mois.

☐ délits informatiques

347. *logic bomb;*
time bomb
bombe logique n. f.;
bombe à retardement n. f.

Antiprogramme à déclenchement différé, qui ne se reproduit pas, activé soit à une date déterminée par son concepteur, soit lorsqu'une condition particulière se trouve vérifiée, ou un ensemble de conditions réunies, et qui, dès lors, produit l'action malveillante pour laquelle il a été conçu.

Note. — Certains auteurs font une distinction entre les termes *bombe logique* (*logic bomb*) et *bombe à retardement* (*time bomb*). Les bombes logiques seraient celles qui sont programmées pour se déclencher lorsque certaines conditions sont réunies ou à la suite d'un événement particulier, tandis que les bombes à retardement seraient conçues pour « exploser » à un moment précis, à une date déterminée. Toutefois, en pratique, la plupart des spécialistes du domaine emploient les deux termes l'un pour l'autre et les auteurs les donnent, la plupart du temps, comme synonymes. Par ailleurs, le terme *bombe logique* est plus fréquemment utilisé.

☐ délits informatiques

348. *trojan horse*
cheval de Troie n. m.

Antiprogramme qui, introduit dans une séquence d'instructions normales, prend l'apparence d'un programme valide contenant

en réalité une fonction illicite cachée, grâce à laquelle les mécanismes de sécurité du système informatique sont contournés, ce qui permet ainsi la pénétration par effraction dans des fichiers pour les consulter, les modifier ou les détruire.

☐ délits informatiques

349. *computer worm;*
worm
ver informatique n. m.

Antiprogramme autonome et parasite, capable de se reproduire par lui-même, en perpétuel déplacement dans la mémoire d'ordinateur qu'il surcharge et mine progressivement, et consommant, jusqu'à la paralysie, les ressources du système informatique.

Note. — Le ver et le virus sont tous deux capables de se reproduire mais, à la différence du virus, le ver n'a pas besoin d'un programme hôte pour le faire. Il est totalement autonome.

☐ délits informatiques

350. *trigger component;*
trigger condition;
trigger
gâchette de déclenchement n. f.;
élément déclencheur n. m.

Condition particulière déterminée par le créateur d'un antiprogramme, et dont la réalisation met en mouvement l'action malveillante de cet antiprogramme.

Note. — Il peut s'agir d'une date prédéterminée ou d'un événement particulier (par exemple une opération précise effectuée dans tel fichier).

☐ délits informatiques

351. *electronic eavesdropping;*
eavesdropping
écoute électronique n. f.;
écoute clandestine n. f.

Espionnage électronique effectué par l'interception frauduleuse d'ondes électromagnétiques provenant de l'équipement informatique en exploitation.

Notes. — 1. L'écoute électronique s'effectue sans connexion directe à une ligne; en effet, les ordinateurs, terminaux et modems émettent des ondes électromagnétiques suffisamment puissantes pour être captées à distance par un équipement spécialisé. Les cages de Faraday, notamment, empêchent l'écoute électronique.
2. L'interception d'ondes électromagnétiques constitue une écoute essentiellement passive, l'espion ne pouvant intervenir pour altérer le contenu de la communication.
3. Les notions que recouvrent les termes *eavesdropping* et *wiretapping* sont très bien délimitées en anglais, ce qui n'est pas le cas en français, où on les désigne toutes deux par des expressions telles que *écoute (électronique) clandestine*, *écoute illicite*, *écoute électronique*, *écoute illégale*, etc. Dans les deux cas, il s'agit bien d'écoute, mais l'une s'effectue au moyen d'une ligne téléphonique, tandis que l'autre consiste à capter les ondes émises par l'équipement informatique en exploitation. La première peut être passive ou active, tandis que la seconde ne peut être que passive.
4. Le terme *espionnage électronique* désigne l'action qui consiste à se procurer illégalement de l'information secrète, par quelque moyen que ce soit. L'écoute en ligne (active ou passive), de même que l'écoute électronique constituent des formes d'espionnage électronique.
5. *TEMPEST* ne désignait à l'origine qu'une méthode permettant l'étude et le contrôle approprié des signaux émis par l'équipement de traitement et de transmission de l'information. L'appellation en est cependant venue à désigner également l'équipement informatique protégé grâce à l'application de cette méthode, lequel n'émet donc pas de signaux électromagnétiques.

☐ délits informatiques

352. *wiretapping*
écoute en ligne n. f.;
écoute téléphonique clandestine n. f.

Espionnage électronique effectué par le raccordement d'une table d'écoute à un système de télécommunication, dans le but soit de capter et d'enregistrer l'information en transit, soit de la modifier et d'insérer de faux messages, soit les deux.

Notes. — 1. Comme l'illustre la définition, l'écoute en ligne peut être active ou passive.
2. Sauf pour le câble optique qui rend l'écoute en ligne pratiquement impossible, le transfert des données par câble présente généralement des risques importants d'atteinte à la confidentialité et à l'intégrité des transactions. C'est pourquoi le brouillage des signaux ainsi que diverses techniques de chiffrement sont utilisés pour contrer ces risques.

V. a. **écoute électronique (351)**
☐ délits informatiques

353. *active wiretapping;*
active line tap
écoute active n. f.

Écoute en ligne effectuée dans le but de falsifier les signaux, données ou messages transmis, d'émettre de faux messages ou d'altérer la communication entre correspondants autorisés.

☐ délits informatiques

354. *passive wiretapping;*
passive line tap
écoute passive n. f.

Écoute en ligne effectuée à seule fin de surveiller et d'enregistrer des données en transit, sans intervention aucune de la part du tiers non autorisé.

Note. — L'écoute électronique est également une forme d'écoute passive, bien que cela ne soit pas reflété dans la définition. Le terme *écoute passive* est employé par opposition à *écoute active*, laquelle ne peut être que de l'écoute en ligne. Ce qui signifie que l'emploi du terme *écoute passive* n'a de sens que dans le contexte de l'écoute en ligne.

☐ délits informatiques

355. *wiretap*
branchement clandestin n. m.;
branchement parasite n. m.

Opération de raccordement à une ligne de télécommunication à des fins d'écoute active ou passive.

Note. — Le terme *branchement clandestin* désigne également le résultat de l'action, c'est-à-dire le raccordement comme tel. En ce sens, on parle également de *dérivation cachée*.

☐ délits informatiques

356. *wiretap*
table d'écoute n. f.

Dispositif de raccordement dissimulé, connecté à une ligne du réseau téléphonique ou de tout autre réseau câblé à des fins d'écoute active ou passive.

Notes. — 1. On appelle *terminal parasite*, *terminal espion* ou *terminal pirate* un terminal branché clandestinement sur une ligne de télécommunication à des fins d'espionnage électronique. Dans le contexte de la sécurité informatique, un terminal parasite est une table d'écoute.
2. On appelle *bretelle de dérivation* un canal non autorisé d'acheminement des données vers un terminal parasite.

☐ délits informatiques

357. *between-the-lines entry*
accès en parallèle n. m.;
infiltration entre les messages n. f.

Accès illicite, par le moyen de l'écoute active, au terminal momentanément inactif d'un utilisateur autorisé et en communication.

☐ délits informatiques

358. *electronic piggybacking;*
piggybacking;
piggyback entry
accès à califourchon n. m.;
infiltration à califourchon n. f.;
accès superposé n. m.

Accès illicite à un système informatique via la connexion d'un utilisateur autorisé, par interception des communications de ce dernier avec l'ordinateur.

Note. — L'accès à califourchon permet à l'imposteur, après avoir intercepté les données d'entrée transmises par l'utilisateur autorisé, de falsifier ou de remplacer complètement les messages de ce dernier, puis de les renvoyer ainsi altérés à l'ordinateur, tout en transmettant parfois à l'utilisateur autorisé un message (erroné) d'indisponibilité du système. Il y a donc superposition des opérations effectuées.

☐ délits informatiques

359. *physical piggybacking;*
tailgating
talonnage n. m.

Entrée clandestine dans les locaux protégés d'un centre informatique sur les pas d'une personne autorisée, lorsque celle-ci en franchit le seuil.

Note. — L'intrus qui désire accéder aux installations se glisse sur les talons de l'employé autorisé qui y pénètre, d'où le terme *talonnage*, retenu ici pour sa transparence.

☐ délits informatiques

360. *disclosure*
divulgation d'informations n. f.;
divulgation informatique n. f.;
indiscrétion n. f.

Transmission d'informations sensibles et confidentielles, par des moyens informatiques, à une personne ou à toute autre entité qui n'est pas autorisée à les connaître.

Notes. — 1. Il ne faut pas confondre *divulgation d'informations* et *fuite de données*, bien que ces notions se recoupent partiellement, les deux termes étant relatifs à des données ou informations qui doivent, en principe, demeurer secrètes. Le seul fait que l'on parle de *données* dans un cas, et d'*informations* dans l'autre révèle une différence de perspective importante. Une donnée est une notion dont la représentation sous une forme convenue permet le traitement informatique; le terme *fuite de données* a trait à une action dont la conséquence est le mouvement non autorisé des données. Le terme *information* fait référence à la signification attribuée à une donnée de telle sorte qu'elle constitue un élément de connaissance pour son observateur ou son destinataire, autorisé ou non; le terme *divulgation d'informations* évoque donc une action dont la conséquence est l'obtention, par certains individus, d'informations qui ne leur étaient pas destinées. On ne peut en effet parler de *divulgation d'informations* qu'à partir du moment où quelqu'un prend connaissance de l'information.

2. Le terme *divulgation d'informations* est synonyme de *divulgation informatique*. En effet, les deux termes se confondent dans la réalité, puisqu'on ne peut divulguer que de l'information.

V. a. **contrôle d'accès (127)**
□ sécurité logique; délits informatiques

361. *inadvertent disclosure;*
accidental disclosure
divulgation accidentelle d'informations n. f.;
divulgation par inadvertance n. f.
Terme à éviter : divulgation accidentelle de données

Divulgation d'informations causée par une défaillance du système ou une erreur humaine.

Note. — On ne peut parler de *divulgation* qu'à partir du moment où une ou plusieurs personnes ont connaissance d'informations confidentielles sans autorisation. Dans l'expression *divulgation accidentelle de données*, *donnée* est employé au sens du terme *information*, ce qui constitue une impropriété.

V. a. **divulgation d'informations (360)**
□ sécurité informatique

362. *intentional disclosure;*
deliberate disclosure
divulgation intentionnelle d'informations n. f.
Terme à éviter : divulgation intentionnelle de données

Divulgation d'informations qui procède d'une intention malveillante.

V. a. **divulgation d'informations (360);**
divulgation accidentelle d'informations (361)
□ délits informatiques

363. *compromise*
compromission n. f.

Violation de la politique de sécurité d'un système pouvant entraîner, intentionnellement ou non, la révélation, la falsification, la destruction ou la perte de données sensibles.

□ délits informatiques

364. *covert communication channel;*
covert channel
voie clandestine n. f.;
voie cachée n. f.;
canal caché n. m.;
voie secrète n. f.

Voie de communication dissimulée et généralement indirecte, utilisée par deux entités complices pour la transmission d'informations, en violation de la sécurité du système informatique.

Note. — Il y a deux sortes de voies clandestines : le canal mémoire caché et le canal temporel caché.

□ délits informatiques

365. *data leakage;*
seepage
fuite de données n. f.

Transmission non autorisée de données sensibles à l'insu et au préjudice de l'organisation qui les détient, laquelle constitue une atteinte, volontaire ou accidentelle, à leur confidentialité.

V. a. divulgation d'informations (360)
☐ sécurité logique; délits informatiques

366. *data leakage*
vol de données n. m.

Fuite de données qui procède d'une intention malveillante.

Notes. — 1. Il est à préciser que l'acception du terme *vol de données*, telle que nous la présentons ici, n'entre pas dans le champ définitoire de l'infraction générale de vol au sens du Code criminel. Si l'espionnage électronique rend possible l'appropriation de l'information sensible sans pour autant l'exclure de la possession de son détenteur, les tribunaux, à ce jour, n'ont pas étendu le sens du mot *vol* pour le faire correspondre aux changements technologiques. La définition proposée ici reflète donc le sens général que les auteurs du domaine prêtent au terme, par ailleurs largement répandu dans l'usage.
2. Les expressions *vol de ressources* et *vol de temps machine* désignent l'utilisation abusive de la mémoire centrale ou des unités de stockage de l'ordinateur. L'exécution de tâches non prévues sur l'ordinateur d'une entreprise constitue un bon exemple de vol de temps machine.

☐ délits informatiques

367. *security breach*
brèche de sécurité n. f.

Brèche dans la sécurité informatique résultant spécifiquement du contournement ou de la mise en échec d'une mesure de sécurité, laquelle, si elle n'est pas détectée rapidement, peut être exploitée par l'attaquant pour pénétrer dans le système informatique.

Note. — L'acquisition illicite de mots de passe et l'accès non autorisé à la bandothèque, par exemple, constituent des brèches de sécurité.

☐ délits informatiques

368. *penetration;*
intrusion
pénétration n. f.;
intrusion n. f.

Accès non autorisé à un système informatique.

☐ délits informatiques

369. *personal data;*
personal information;
nominal data;
nominative data
information nominative n. f.;
renseignement nominatif n. m.;
renseignement personnel n. m.;
données nominatives n. f. pl.;
données à caractère personnel n. f. pl.;
données à caractère nominatif n. f. pl.

Information de caractère non public concernant une personne physique et permettant de l'identifier, directement ou indirectement.

Notes. — 1. Constituent des informations nominatives, les informations relatives notamment à l'identité et à l'état civil, de même que les informations de nature professionnelle, financière, médicale, psychologique et judiciaire.
2. La crainte principale est de voir se développer des fichiers informatisés regroupant des informations sur des personnes, permettant ainsi à des tiers de détenir un pouvoir arbitraire sur ces personnes, en violation des droits fondamentaux les plus élémentaires. C'est pourquoi les États ont tenté de concilier dans des lois, fichage et droits de la personne, de façon à garantir les libertés individuelles face aux outils de traitement, de stockage et de transmission des données. Au Québec, la Loi sur la protection des renseignements personnels prévoit des mécanismes d'accès des citoyens à l'information gouvernementale et des mesures de protection des renseignements personnels.
3. On appelle *fichier de données à caractère personnel* ou *fichier nominatif* tout ensemble d'informations nominatives centralisées ou réparties sur plusieurs sites,

faisant l'objet d'un traitement automatisé ou qui, bien que ne le faisant pas, sont structurées et accessibles dans une collection organisée selon des critères déterminés, de manière à faciliter leur utilisation ou leur mise en relation.

4. On appelle *flux d'informations nominatives* ou *flux de renseignements personnels* l'ensemble des processus comprenant la collecte d'informations nominatives, leur transmission, leur entreposage, leur traitement, leur communication ainsi que leur utilisation dans divers processus de décision.

☐ sécurité informatique

370. *right of privacy;*
privacy
droit au domaine privé n. m.

Droit, pour une personne ou une organisation, de protéger ou d'exiger la protection des informations qui les concernent ou dont elles sont les propriétaires, et d'exercer un contrôle sur la collecte, le stockage, l'exploitation et la divulgation de ces informations.

Note. — Bien que la définition de *droit au domaine privé* s'applique également à *droit à la vie privée*, ce dernier terme n'est pas tout à fait synonyme du premier. En effet, le terme *droit à la vie privée* est plus restrictif, le concept de « vie privée » ne se rapportant qu'aux personnes physiques.

☐ sécurité informatique

371. *privacy protection;*
protection of privacy;
protection of data privacy
protection de la confidentialité n. f.;
protection de la vie privée n. f.

Mise en vigueur d'un ensemble de mesures administratives, techniques et physiques visant à prévenir les intrusions dans la vie privée des personnes ou dans les affaires privées des personnes et des organisations, lesquelles intrusions découlent spécifiquement de la collecte, du traite-

ment, de la dissémination et de la divulgation d'informations ayant trait à ces personnes ou à ces organisations.

☐ sécurité informatique

372. *software protection*
protection des logiciels n. f.

Mise en œuvre de moyens légaux et techniques pour contrer l'exploitation non autorisée des logiciels.

Note. — Les logiciels sont protégés légalement par le droit d'auteur. C'est pourquoi on parle de *protection (du logiciel) par le droit d'auteur*, la protection des logiciels pouvant également être assurée par des moyens techniques tels que les programmes de plombage.

☐ sécurité informatique

373. *copyright*
droit d'auteur n. m.
Terme à éviter : copyright

Ensemble de droits exclusifs accordés par la Loi sur le droit d'auteur à un fabricant de programmes informatiques, lui permettant notamment de reproduire, publier, traduire et louer ses produits.

Note. — Depuis le 8 juin 1988, les programmes informatiques (logiciels) sont protégés spécifiquement en vertu de la Loi sur le droit d'auteur (Canada). Le droit d'auteur est essentiellement le droit exclusif de reproduire une œuvre, d'en empêcher la copie. Si l'œuvre est reproduite sans le consentement du titulaire du droit d'auteur, celui-ci peut obtenir une ordonnance pour interdire la reproduction illégale et réclamer des dommages-intérêts, dont les profits perdus par la vente de copies pirates.

☐ sécurité informatique

374. *software license*
licence d'utilisation d'un logiciel n. f.;
permis d'utilisation d'un logiciel n. m.

Contrat de concession du droit d'usage d'un logiciel.

Notes. — 1. Le terme *licence*, dans le vocabulaire de l'information et de la documentation, désigne l'autorisation conférant le droit, exclusif ou non, d'exploiter un titre de propriété industrielle ou intellectuelle sans en devenir pour autant propriétaire.
2. Le synonyme *permis d'utilisation d'un logiciel* s'inspire de la terminologie en usage chez IBM Canada.
3. La licence d'utilisation d'un logiciel est fournie au consommateur au moment de l'achat du logiciel. Le fabricant s'assure de limiter l'usage du logiciel aux seules fins précisées dans le contrat.

☐ sécurité informatique

375. *copy protection*
plombage n. m.;
protection contre la copie n. f.

Verrou logiciel installé dans un programme par son créateur pour en prohiber l'exploitation illicite ou la copie.

Notes. — 1. Cette mesure a peu à peu révélé ses insuffisances. Elle empêche les utilisateurs légitimes d'avoir la maîtrise complète du logiciel, ce qui fait hésiter les fournisseurs soucieux de ne pas déplaire à leur clientèle. Le plombage est cependant encore utilisé pour les logiciels éducatifs et les ludiciels.
2. On appelle *déplombage* l'acte de piratage qui consiste à supprimer la protection d'un logiciel en vue de s'affranchir des limitations d'utilisation qu'elle impose, touchant en particulier la copie.
3. On appelle *logiciel de déplombage* (ou *logiciel de déverrouillage*, *logiciel de déprotection*) un logiciel qui permet le déplombage et la production de copies illicites du produit protégé.

☐ sécurité informatique

Chapitre V

Continuité de service

376. *continuity of service*
continuité de service n. f.;
continuité n. f.

Qualité recherchée dans l'exploitation d'un service informatique, assurant le maintien des fonctions vitales.

☐ continuité de service

377. *recovery*
reprise n. f.

Rétablissement d'une production informatique interrompue, détériorée ou détruite pour quelque cause que ce soit.

Note. — Le terme *reprise normale* désigne une reprise qui s'effectue non pas après une interruption accidentelle, mais après un arrêt normal de la machine.

☐ continuité de service

378. *failure recovery*
reprise sur incident n. f.

Reprise d'une production informatique interrompue après un quelconque incident de fonctionnement.

Notes. — 1. Le terme *reprise immédiate* désigne une reprise qui s'effectue lorsque l'incident survenu est si mineur qu'un simple appui sur un bouton de marche-arrêt permet de reprendre l'exploitation.
2. Une reprise sur incident n'est possible qu'à partir d'un point de reprise.

☐ continuité de service

379. *error recovery*
reprise sur erreur n. f.;
redressement sur erreur n. m.

Reprise d'une production informatique interrompue après la détection et la correction d'une erreur.

Note. — Une reprise sur erreur n'est possible qu'à partir d'un point de reprise.

☐ continuité de service

380. *disaster recovery*
reprise sur sinistre n. f.;
reprise après sinistre n. f.
Terme à éviter : relève

Reprise d'une production informatique détériorée ou détruite par un sinistre matériel ou immatériel, que celui-ci soit partiel ou total.

Note. — Le mot *relève* désigne le remplacement d'une personne ou d'un groupe dans une situation normale, ainsi que la personne ou le groupe qui assure ce remplacement. Il n'a aucunement le sens qu'on lui prête au Québec dans le domaine de la sécurité informatique, soit celui de « reprise d'une tâche après interruption ou sinistre ». Le mot *relève* ne pourra donc être employé à la place de *reprise après sinistre*, ni donner lieu à la création de nouveaux termes tels que *plan de relève* ou *centre de relève informatique*.

☐ continuité de service

381. *rerun time;*
recovery time
temps de reprise n. m.;
temps de rétablissement n. m.;
temps de reconstitution n. m.

Intervalle d'exploitation nécessaire pour assurer la reprise de l'exécution d'un programme interrompu à la suite d'un incident ou d'une erreur humaine.

Note. — L'expression *temps de reprise* est employée dans le contexte des reprises sur incident et des reprises sur erreur. Les reprises sur sinistre exigeant, en tout premier lieu, un redémarrage des seules applications informatiques vitales dans un délai très court, on parle alors de *temps de réaction*. Le terme *temps de réaction* désigne le temps nécessaire pour permettre un dépannage au niveau minimum, c'est-à-dire des applications dont la reprise ne peut être différée sans compromettre la survie de l'organisation sinistrée, et pour cette raison qualifiées de vitales.

☐ continuité de service

382. *restart point;*
rerun point;
rescue point;
checkpoint
point de reprise n. m.;
point de cohérence n. m.;
point de contrôle n. m.

Point du programme en cours d'exécution caractérisé par la cohérence des fichiers, et à partir duquel la reprise ultérieure pourra être effectuée si une erreur humaine ou une défaillance du système entraîne l'interruption des opérations.

☐ continuité de service

383. *backup*
V. o. *back-up*
reprise en secours n. f.

Reprise de l'exploitation informatique caractérisée par le passage d'une application sur une autre machine à la suite de la défaillance de l'ordinateur principal.

☐ continuité de service

384. *redundancy*
redondance informatique n. f.

Duplication d'un élément essentiel au fonctionnement normal du système informatique, en vue de pallier la défaillance éventuelle de cet élément et d'assurer ainsi la continuité d'une fonction informatique vitale.

Notes. — 1. Le terme *redondance matérielle* désigne la duplication des éléments vitaux d'une machine unique, alors que le terme *redondance des matériels* (ou *redondance de matériels*) a trait à l'installation en double de matériels et d'équipements servant non pas en temps normal, mais lors d'une panne, d'un accident ou d'un sinistre informatique, de façon à permettre la reprise immédiate et intégrale des activités informatiques. Toutefois, dans l'usage, on note que le terme *redondance matérielle* est fréquemment utilisé à la place de *redondance de matériels*. Quant à la *redondance logicielle*, elle a trait aux opérations réalisées en double, voire même en triple, si l'importance et la criticité dans le temps du service attendu l'exigent. Il peut s'agir de traitements identiques effectués en simultanéité, ou d'un second traitement servant simplement de secours au premier, sans comparaison entre les deux.
2. La redondance en sécurité informatique peut s'appliquer aussi bien à un centre informatique qu'à des informations, à des matériels, à des installations de sécurité, à des procédures et aux éléments vitaux d'une machine.

☐ continuité de service

385. *active redundancy*
redondance active n. f.

Mise en œuvre automatique et simultanée de tous les moyens permettant l'accomplissement d'une activité informatique, y compris des éléments redondants d'un système.

☐ continuité de service

386. *standby redundancy*
redondance passive n. f.

Mise en attente des éléments redondants d'un système, lesquels ne seront activés, pour la poursuite d'une activité informatique, que si une panne ou un accident se produit.

☐ continuité de service

387. *backup system;*
standby system
système de secours n. m.;
système auxiliaire n. m.;
système de réserve n. m.

Système redondant pouvant assurer la continuité de service en cas de défaillance du système principal, soit par transfert des applications sur un autre système, soit en mode dégradé sur le même système.

☐ continuité de service

388. *hot standby*
secours automatique n. m.

Système de secours informatique qui se met en marche instantanément en cas de défaillance du système principal.

☐ continuité de service

389. *warm standby*
secours semi-automatique n. m.

Système de secours informatique qui se met en marche après un délai de quelques secondes en cas de défaillance du système principal.

☐ continuité de service

390. *cold standby*
secours manuel n. m.

Système de secours informatique qui doit être mis en marche par une intervention humaine en cas de défaillance du système principal.

☐ continuité de service

391. *computer system fault tolerance;*
fault tolerance;
computer system resilience
tolérance aux pannes n. f.;
résistance aux pannes n. f.;
tolérance de pannes n. f.

Capacité d'un système informatique à accomplir ses fonctions conformément à ses spécifications malgré la défaillance d'un ou de plusieurs de ses constituants.

☐ continuité de service

392. *fault-tolerant computer system;*
fault-tolerant computer;
fault-tolerant system
système à tolérance de pannes n. m.

Système informatique qui intègre la redondance matérielle et logicielle afin d'assurer l'exploitation intégrale en cas de défaillance d'un ou de plusieurs de ses constituants.

Note. — Un système à tolérance de pannes est un système dans lequel les anomalies de fonctionnement ne sont pas « senties » par les utilisateurs. Si une panne survient, le service doit non seulement continuer d'être assuré, mais la gestion de l'incident ne doit pas perturber l'exploitation, ni au cours de la phase de détection de la panne, ni au moment de la reconfiguration de l'élément défaillant.

☐ continuité de service

393. *fail soft;*
graceful degradation
mode dégradé n. m.;
fonctionnement dégradé n. m.;
fonctionnement en dégradé n. m.

Mode de fonctionnement d'un système informatique consécutif à une défaillance grave, caractérisé par l'interruption sélective, moyennant la sauvegarde des données nécessaires à leur reprise ultérieure, des traitements non essentiels et pouvant être différés, ainsi que par une reconfiguration automatique en vue de l'utilisation optimale des ressources vitales pour l'exécution des travaux ne pouvant être interrompus.

Notes. — 1. Le terme *mode éclaté* désigne un mode de fonctionnement du système informatique caractérisé par la déportation, sur différents systèmes de secours, des applications ne pouvant plus être assurées mais devant être maintenues.
2. La dégradation consiste dans la destruction ou la détérioration de tout ou partie du matériel ou d'un support quelconque. Cela peut aller du sabotage de l'ensemble de l'installation au coup d'épingle sur une disquette. La dégradation doit être distinguée de l'altération, qui affecte le contenu des logiciels et des données.
3. En prévision d'une défaillance grave du système informatique, toujours possible, une bonne analyse du mode dégradé doit être faite. Celle-ci exige que soit déterminé à l'avance ce qui doit être secouru totalement et sans délai, ce qui peut attendre, et ce qui ne peut être pris en compte en raison de diverses contraintes. Une telle analyse consiste donc à rechercher le meilleur compromis entre les nécessaires impasses et les pertes acceptables.

☐ continuité de service

394. *fail-soft system*
système en mode dégradé n. m.;
système en configuration réduite n. m.

Système informatique qui assure l'exploitation en mode dégradé, après la mise hors service d'une unité défaillante.

Note. — La mise hors service d'une unité suppose des dispositifs de détection automatique de panne, de reconfiguration automatique, de remise en état automatique, des contrôles de défaillance de système ainsi que des codes autocorrecteurs.

☐ continuité de service

395. *data backup*
sauvegarde informatique n. f.
Terme à éviter : back-up

Opération qui consiste à recopier un ou plusieurs fichiers de données, généralement sur un support externe, afin d'en prévenir la perte systématique ou accidentelle.

Notes. — 1. Les règles détaillées et strictes relatives à tous les aspects de la sauvegarde informatique sont consignées dans un document appelé *plan de sauvegarde*, dont la qualité dépend des facteurs suivants : responsabilité, exhaustivité, cohérence, cycles de rotation, confection, supports, transport, stockage, accessibilité, exploitabilité, contrôles et validations.
2. L'expression *sauvegarde par vacations* désigne l'opération qui consiste à faire toutes les sauvegardes dans une même tranche horaire pendant laquelle l'activité de production est faible (par exemple la nuit, en automatique).
3. On appelle *logiciel de sauvegarde* un logiciel qui effectue les sauvegardes informatiques.

V. a. **plan de continuité (419)**
☐ continuité de service

396. *full backup*
sauvegarde totale n. f.;
sauvegarde complète n. f.

Sauvegarde informatique de tous les fichiers présents sur le disque dur.

Note. — Tous les logiciels de sauvegarde proposent au moins trois méthodes de sauvegarde : totale, incrémentale et différentielle, lesquelles se distinguent entre elles par la gestion des attributs de fichiers. On entend par *attribut de fichier* un octet que possède chaque fichier et qui détermine sa nature. La sauvegarde totale, par exemple, active l'attribut d'archivage du fichier.

☐ continuité de service

397. *incremental backup*
sauvegarde incrémentale n. f.;
sauvegarde incrémentielle n. f.;
sauvegarde par accroissements n. f.

Sauvegarde informatique des seuls fichiers créés ou modifiés depuis la dernière sauvegarde totale.

Note. — Les fichiers faisant l'objet d'une sauvegarde incrémentale voient leur attribut d'archivage validé. C'est ce qui distingue ce type de sauvegarde d'une sauvegarde différentielle, laquelle agit comme la sauvegarde incrémentale, mais sans activer l'attribut d'archivage.

☐ continuité de service

398. *backup copy;*
backup
copie de sauvegarde n. f.;
copie de sécurité n. f.;
copie de secours n. f.;
sauvegarde n. f.

Copie d'un fichier ou d'un ensemble de fichiers, mise à jour à intervalles réguliers, en vue d'assurer la restauration des données en cas de perte.

Note. — On distingue trois types de copies de sauvegarde : *a)* les sauvegardes de production (ou *sauvegarde d'exploitation*), utilisées lors du fonctionnement courant du système pour assurer la reprise simple sur incident, et conservées sur les lieux mêmes de l'exploitation, dans une bandothèque; *b)* les sauvegardes de recours, utilisées en cas d'activation du plan de secours pour assurer la reprise sur sinistre, et stockées dans un centre de sauvegarde; *c)* les sauvegardes Très Haute Sécurité (ou *sauvegarde THS*), pour la préparation desquelles est utilisé un procédé de certification fondé sur le scellement et la signature numérique, afin de parer spécifiquement aux sabotages immatériels et permettre ainsi le redémarrage de l'exploitation dans un délai qui ne compromette pas la pérennité de l'organisation, rassemblant des données hautement stratégiques, et conservées dans des lieux secrets, géographiquement distants du centre informatique.

☐ continuité de service

399. *backup procedure*
procédure de sauvegarde n. f.
Terme à éviter : procédure de back-up

Procédure de sécurité informatique visant à la restauration, à partir de copies de sauvegarde, des données perdues à la suite d'une panne du système ou d'un sinistre informatique.

Notes. — 1. Les procédures de sauvegarde ont trait à la conservation et à la restauration des données (nombre de générations, périodicité des sauvegardes, etc.), tandis que les procédures de secours concernent le passage d'un système informatique (ou d'un centre informatique) à un autre, la mise sur pied d'un service en mode dégradé ou éclaté dans les cas de sinistres informatiques graves. L'anglais *backup procedure* désigne à la fois les procédures de sauvegarde et les procédures de secours. Les deux réalités ne doivent pas être confondues.
2. *Procédure de back-up* est formé à partir de *back-up*, terme à éviter qui ne doit pas, en conséquence, donner lieu à la création d'un nouveau terme.

☐ gestion de la sécurité informatique;
continuité de service

400. *tape library*
bandothèque n. f.

Armoire ou local protégés se trouvant dans le centre informatique lui-même, et où sont conservées les copies de sauvegarde.

Notes. — 1. Le terme *bandothèque* désigne également, par métonymie, l'ensemble des bandes magnétiques, cassettes et disques optiques numériques utilisés dans le centre informatique.
2. On trouve également le terme *discothèque* pour désigner cette réalité, car les fichiers sont quelquefois archivés sur disque optique ou magnétique. Toutefois, son emploi est rare.
3. La bandothèque et le centre de sauvegarde servent à l'entreposage de doubles de fichiers. Cependant, à la différence de la bandothèque, le centre de sauvegarde est situé dans un lieu autre que le centre informatique.

☐ continuité de service

401. *off-site storage location;*
duplicate data center;
backup facility
centre de sauvegarde n. m.
Terme à éviter : voûte

Termes non retenus : lieu de stockage;
local de stockage;
lieu de sauvegarde;
local de sauvegarde;
local d'archives;
centre d'archivage;
site d'archivage de sécurité;
chambre forte

Lieu protégé, physiquement séparé ou géographiquement éloigné du centre informatique, et où sont entreposées les copies de sauvegarde.

Notes. — 1. Les termes *lieu* (ou *local*) *de stockage, de sauvegarde* sont moins précis et moins fréquents que le terme proposé.
2. Les termes *local d'archives, centre d'archivage* et *site d'archivage de sécurité* ne doivent pas être employés pour désigner le centre de sauvegarde. En effet, un centre d'archivage est un lieu où sont conservées, à des fins historiques, des collections de documents, bandes, cassettes ou disques qui ne sont plus utiles pour l'exploitation.
3. Même si le centre de sauvegarde est protégé, surveillé et équipé pour faire face aux accidents et aux sinistres de toute nature, il n'est pas nécessairement une pièce blindée, trait sémantique essentiel du terme *chambre forte*, lequel ne peut donc convenir pour désigner, dans tous les contextes, le centre de sauvegarde.
4. Le mot *voûte* ne s'emploie en français que pour désigner les ouvrages tenant lieu de plafond dans certains édifices. Son emploi pour désigner le centre de sauvegarde, parce que celui-ci est à l'épreuve du feu et du vol en plus d'être parfois blindé, constitue un anglicisme tout à fait inacceptable.
5. En sécurité informatique, *centre de secours* désigne un lieu utilisé pour assurer la continuité de service lorsqu'un sinistre majeur rend indisponibles les installations informatiques d'un centre principal. Même si (cas sans doute très rare) le centre de sauvegarde peut se muer en centre de secours en mettant à la disposition de ses clients des configurations matérielles sur lesquelles ceux-ci pourront assurer un fonctionnement minimum de leurs applications, on ne doit pas employer le terme *centre de secours* pour désigner le centre de sauvegarde, les deux termes désignant des notions différentes.

V. a. **bandothèque (400)**
☐ continuité de service

402. *archiving;*
archival storage
archivage n. m.

Stockage, à des fins historiques ou autres, de copies de sauvegarde et, le cas échéant, des journaux associés à celles-ci, pendant une période déterminée.

Note. — L'archivage répond à un besoin fonctionnel qui vise à conserver des données pouvant être nécessaires à l'organisation sur le plan professionnel, social, fiscal ou juridique. Ces données, qui ne sont plus directement utiles pour l'exploitation, pourront être utilisées à des fins de consultation et de recherche, pour extraire, par exemple, des statistiques, des historiques, ou servir de preuve.

☐ continuité de service

403. *archive file*
fichier d'archives n. m.

Fichier constitué à partir d'un ensemble de fichiers, conservé dans un centre d'archivage en vue de recherches éventuelles, ou dans un centre de sauvegarde par mesure de sécurité.

☐ gestion de la sécurité informatique;
continuité de service

404. *archived file*
fichier archivé n. m.

Fichier pour lequel il existe un fichier d'archives.

☐ gestion de la sécurité informatique;
continuité de service

405. *generation file*
génération n. f.

Une des versions successives d'un fichier permanent dans un processus de mise à jour périodique.

Note. — Par mesure de sécurité, on conserve le père, c'est-à-dire la version immédiatement antérieure, et le grand-père (version précédente) du fichier en cours de validation.

☐ gestion de la sécurité informatique;
continuité de service

406. *reconstruction of data;*
reconstitution of data;
restoration
restauration des données n. f.;
reconstitution des données n. f.

Remise en l'état, sous une forme préalablement connue ou définie, des données qui ont été perdues lors d'une panne matérielle ou logicielle.

Notes. — 1. La restauration des données s'effectue à l'aide d'une copie de sauvegarde du fichier initial et des mouvements ayant eu lieu entre le début du traitement et le moment de la panne.
2. L'expression *test de restauration* désigne un test effectué régulièrement sur les copies de sauvegarde pour s'assurer qu'elles n'ont été ni altérées, ni détériorées, et qu'elles permettront ainsi la restauration des données perdues, le cas échéant.

☐ continuité de service

407. *forward recovery;*
forward file recovery;
roll-forward
restauration par progression n. f.;
restauration par mise à jour en aval n. f.;
repositionnement aval avec actualisation n. m.

Restauration d'une version d'un fichier par la mise à jour d'une version plus ancienne, à partir de données enregistrées dans un journal.

Note. — La restauration par progression est l'opération normale et habituelle de restauration des données. C'est pourquoi on n'emploie souvent que le terme *restauration* pour désigner cette réalité. La forme complète *restauration par progression* ne devient nécessaire que dans les contextes où la réalité ainsi désignée est ou doit être opposée à la restauration par régression, beaucoup plus rare.

☐ continuité de service

408. *backward recovery;*
backward file recovery
restauration par régression n. f.;
restauration par annulation de mise à jour n. f.;
restauration par mise à jour en amont n. f.

Restauration d'une version antérieure d'un fichier à partir d'une version plus récente et de données enregistrées dans un journal.

☐ continuité de service

409. *backup*
V. o. *back-up*
secours informatique n. m.
Terme à éviter : back-up

Ensemble des moyens indispensables à la reprise, dans les délais fixés, d'une production informatique bloquée, détériorée ou détruite pour quelque cause que ce soit.

Notes. — 1. La locution adjectivale *de secours* qualifie toute procédure, méthode ou installation, tout moyen ou équipement mis en œuvre dans une situation anormale du service, c'est-à-dire lorsque survient un cas d'anomalie de fonctionnement ou un sinistre informatique. On parlera, par exemple, d'*ordinateur de secours*, de *batterie de secours*, d'*installations de secours*, de *moyen de secours*, etc.
2. Les termes *sauvegarde informatique* et *secours informatique* ne sont pas équivalents, bien qu'ils correspondent tous deux à l'anglais *backup*. La sauvegarde informatique constitue une mesure de prévention en cas de défaillance du système ou de

sinistre informatique, alors que le secours est une solution de repli rendue nécessaire par la survenance d'un événement (défaillance ou sinistre) bloquant ou détruisant la production informatique.

□ continuité de service

410. *backup procedure;*
fallback procedure
procédure de secours n. f.

Procédure de sécurité informatique dont la mise en application permet le redémarrage de l'exploitation, ainsi que le passage d'un système informatique à un autre en cas de défaillance grave du premier ou de sinistre informatique majeur, tout en assurant la continuité de service.

Note. — Les procédures de secours ont trait à l'exploitation en mode dégradé ou en mode éclaté, ainsi qu'à la relocalisation des ressources disponibles afin de permettre la continuité des traitements perturbés. Toutes ces procédures doivent avoir été définies avant l'implantation en exploitation.

V. a. **procédure de sauvegarde (399)**
□ gestion de la sécurité informatique;
continuité de service

411. *backup site agreement;*
backup contract
contrat de secours n. m.
Terme à éviter : contrat de back-up

Contrat qui fixe les conditions techniques et financières de mise à disposition, par une société de secours informatique, d'un centre de secours permettant d'assurer, dans les meilleures conditions et pour une durée déterminée, le dépannage d'une ou de plusieurs organisations en défaut de ressources matérielles informatiques du fait de l'immobilisation totale de leur centre informatique.

Note. — *Back-up* est un emprunt lexical à l'anglais et ne peut, en conséquence, donner lieu à la création de termes nouveaux tels que *contrat de back-up* ou *centre de back-up*.

□ continuité de service

412. *disaster recovery site;*
backup site;
backup facility;
disaster recovery facility;
remote site
centre informatique de secours n. m.;
centre de secours n. m.
Termes à éviter : centre de back-up;
site de back-up;
centre informatique de relève;
centre de relève informatique;
centre de relève

Centre informatique prenant temporairement le relais d'un centre principal rendu indisponible en raison d'un sinistre informatique majeur, afin que soit maintenue la continuité de service.

Notes. — 1. Le terme *centre informatique de secours* est un générique. Sous cette appellation sont regroupés les salles blanches, les centres de secours immédiat, les centres miroirs ainsi que les centres en partage de charge.
2. Par opposition au centre de secours multientreprise (et non *centre de back-up multientreprise*), le centre de secours privatif n'appartient qu'à une seule organisation; quant au centre de secours commun (non pas *centre de back-up commun*), il est créé par et pour un ensemble d'entreprises.
3. On appelle *centre en partage de charge* un centre de secours logique commun à deux centres physiques géographiquement distants l'un de l'autre, mais appartenant la plupart du temps à une même entreprise. À intervalles brefs et réguliers, les deux centres physiques échangent leurs informations pour remise à niveau des fichiers et des bases de données. Si l'un des deux centres physiques voit sa production informatique bloquée, l'autre dispose de données récentes pour reprendre rapidement l'exploitation.
4. *Back-up* est un emprunt lexical à l'anglais et ne peut, pour cette raison, donner lieu à la création de nouveaux termes; les syntagmes *centre de back-up* et *site de back-up* sont donc à éviter.
5. Les appellations *centre de relève infor-*

matique, centre informatique de relève et *centre de relève* sont souvent utilisées au Québec pour désigner le centre informatique de secours. Toutefois, le mot *relève* n'a aucunement le sens de « secours », ni celui de « reprise d'une tâche après interruption ou sinistre ». C'est pourquoi il ne peut être employé à la place de *reprise* ou de *secours*, ni donner lieu à la formation de nouveaux termes tels que *centre informatique de relève* ou *centre de relève informatique*.

V. a. **reprise sur sinistre (380)**

☐ continuité de service

413. *service bureau*
service bureau n. m.

Service de secours informatique offert par un centre de secours multientreprise à une organisation sinistrée, et défini dans une entente ou un contrat de service.

Notes. — 1. L'expression *service bureau* existe depuis longtemps dans l'usage et n'est pas propre à la sécurité informatique. Cependant, le terme y est de plus en plus employé pour désigner une solution de secours particulière.
2. Le service bureau permet au client sinistré d'utiliser un autre centre informatique; c'est pourquoi il lui faut s'assurer que la compatibilité entre les deux configurations est maintenue pendant toute la durée de l'entente, et que la possibilité de conflits en cas de sinistres simultanés y a été prise en compte.

☐ continuité de service

414. *cold site;*
    empty shell;
    shell
salle blanche n. f.;
centre blanc n. m.
Terme non retenu : salle vide
Terme à éviter : coquille vide

Centre informatique de secours vide de tout matériel informatique, mais équipé des infrastructures et du matériel d'environnement nécessaires pour le recevoir.

Notes. — 1. La salle blanche peut être fixe ou mobile (structure gonflable, bulle transportable, remorque, etc.), et l'on parle alors de *salle blanche mobile*. Elle peut appartenir à l'organisation sinistrée ou faire l'objet d'un contrat d'utilisation avec une société externe. En effet, il existe sur le marché des contrats salle blanche par lesquels une société de service disposant d'une telle salle la met à la disposition de ses clients en cas de sinistre, moyennant une redevance annuelle.
2. Le terme *salle blanche fixe* n'est utilisé que si, dans certains contextes, on doit faire la distinction avec *salle blanche mobile*. Autrement, le syntagme *salle blanche*, employé absolument, suffit.
3. La salle blanche n'est pas complètement vide, mais partiellement équipée (faux-plancher, climatisation, électricité, etc.). Pour cette raison, le terme *salle vide* n'est pas retenu.
4. Le terme *coquille vide* est un calque de l'anglais *empty shell*.

☐ continuité de service

415. *hot site*
centre de secours immédiat n. m.;
salle redondante n. f.;
salle équipée n. f.
Terme non retenu : salle rouge
Terme à éviter : centre de relève immédiate

Centre informatique de secours équipé de matériel informatique et prêt à fonctionner.

Notes. — 1. L'expression *centre de secours immédiat* n'a pu être repérée dans la documentation de langue française. Il s'agit d'une proposition du Comité, inspirée du québécisme actuellement en usage pour désigner la réalité décrite.
2. Il existe une telle confusion entre les notions désignées par les termes *hot site* et *mirror site* qu'il a été impossible de relever un terme français faisant l'unanimité. Les termes *salle redondante*, *salle équipée* et *salle rouge* sont des expressions rarement employées pour désigner *hot site*. Aucune ne fait réellement consensus dans l'usage.

3. *Centre redondant* est un terme générique qui regroupe les centres de secours immédiat et les centres miroirs.

V. a. **reprise sur sinistre (380)**

☐ continuité de service

416. *mirror site;*
   duplicate data center
centre miroir n. m.;
centre image n. m.;
centre jumeau n. m.
Terme à éviter : centre image privatif

Centre informatique de secours entièrement équipé, dont les configurations matérielles et logicielles, identiques au centre principal, assurent une exploitation en simultanéité avec celui-ci, pouvant ainsi prendre le relais dans des délais très brefs, voire instantanément.

Notes. — 1. Cette solution de secours, parce que très coûteuse, est réservée à des applications stratégiques complexes, où les enjeux dépassent notablement les ordres de grandeur des budgets informatiques. Seules quelques très grosses organisations disposent d'un centre miroir.
2. Le terme *miroir partiel* (par opposition à *miroir complet*) désigne un centre miroir qui ne traite qu'une partie des applications du centre principal.
3. Le terme *miroir complet* (ou *miroir intégral*) désigne un centre miroir qui traite la totalité des applications du centre principal, dont il constitue alors un double.
4. Le terme *base de données miroir* désigne une base de données redondante et synchronisée en temps réel, réalisée dans un autre centre informatique que le centre principal. La base de données miroir constitue un bon exemple de miroir partiel.
5. Le véritable centre miroir supposant une double configuration matérielle et une double partie logicielle, ainsi qu'un fonctionnement identique au centre principal, il est nécessairement privatif. Parler dans ce contexte de *centre image privatif* est redondant.

V. a. **centre de secours immédiat (415)**

☐ continuité de service

417. *mirror disk*
disque miroir n. m.

Dans un système informatique devant assurer un service continu, unité de disque doublant l'unité normalement en service, sur laquelle sont intégralement copiées toutes les opérations en cours, et dont le contenu est ainsi, à tout moment, rigoureusement identique à celui de l'unité originale.

Notes. — 1. On parlera, par exemple, d'*utilisation en disque miroir.*
2. Si le disque primaire connaît un problème, le disque miroir peut instantanément prendre le relais.

☐ continuité de service

418. *disk mirroring;*
   mirroring;
   mirrored write
écriture miroir n. f.

Opération d'écriture s'effectuant simultanément sur l'unité de disque en service et sur un disque miroir.

☐ continuité de service

419. *continuity plan*
plan de continuité n. m.
Terme non retenu : plan de sauvegarde

Composante essentielle du plan de sécurité informatique, qui prévoit toutes les circonstances d'arrêt d'exploitation des ressources informatiques, de même que toutes les mesures palliatives et curatives applicables à chacun de ces cas d'indisponibilité, afin que soit assurée, sur site ou hors site, la continuité de service. (Voir schéma n° 3.)

Notes. — 1. Le plan de continuité est un outil organisationnel très hiérarchisé, qui se décompose lui-même en plans de reprise sur site (reprise rapide et exploitation dégradée) et plans de reprise hors site (plans de secours). Tous les événements susceptibles d'interrompre les traitements, depuis l'incident mineur jusqu'au sinistre le plus grave, sont pris en compte dans le plan de continuité. Selon la nature et la gravité de l'événement survenu, ce plan fera intervenir l'un ou l'autre des plans spécifiques qui le composent, et qui décrivent les procédures, consignes, marches à suivre validées et structurées pour la mise à disposition des moyens nécessaires à la reprise et au secours informatique.

2. Le terme *plan de sauvegarde* est souvent utilisé pour désigner la réalité décrite en définition. Nous ne le retenons pas ici dans cette acception, en raison de la confusion qu'il crée inutilement avec la notion d'« ensemble de règles précises ayant trait à la sauvegarde informatique des fichiers », qu'il désigne également. En effet, la sauvegarde consiste à recopier les fichiers sur un support compatible avec les moyens prévus en cas de restauration. S'il survient un sinistre, les copies de sauvegarde doivent permettre le redémarrage des activités dans le plus proche état possible de celui existant avant l'incident ou le sinistre. Le plan de sauvegarde comporte plusieurs phases et prend en compte aussi bien les sauvegardes de production et les sauvegardes de recours que les sauvegardes THS. Il énonce également l'ensemble des procédures de sauvegarde concernant tous les fichiers stratégiques et spécifie le nombre de générations, la périodicité, le lieu et la durée de stockage des copies de sauvegarde. Ayant trait spécifiquement à la sauvegarde des fichiers, le terme ne peut donc se substituer à *plan de continuité*.

☐ continuité de service

420. *short-term recovery plan*
plan de reprise rapide n. m.;
plan de reprise à chaud n. m.

Plan de reprise sur site mis en œuvre à la suite d'un incident mineur, et qui permet de reprendre sans délai l'exploitation avec l'équipement, les programmes, les données et le personnel du centre informatique. (Voir schéma n° 3.)

Note. — En dépit de l'incident survenu, le fonctionnement du centre demeure normal.

☐ continuité de service

421. *fail-soft operating plan*
plan d'exploitation dégradée n. m.;
plan d'exploitation en mode dégradé n. m.;
plan d'exploitation dégradée sur site n. m.

Plan de reprise sur site déclenché à la suite d'un incident grave entraînant un fonctionnement anormal du centre informatique, lequel plan prévoit, avec les seules ressources qui y sont encore disponibles, la mise en service de procédures dégradées ainsi que la reprise des activités normales une fois résolus les problèmes posés par l'incident survenu. (Voir schéma n° 3.)

Notes. — 1. Aucune attestation du terme anglais proposé n'a pu être relevée dans la documentation spécialisée en langue anglaise. Il s'agit d'une traduction libre de *plan d'exploitation dégradée*. Nous donnons le terme sous toutes réserves, à titre indicatif seulement.

2. Les reprises hors site exigeant la mise en service de procédures dégradées, on parle parfois de *plan d'exploitation dégradée sur site* pour désigner la réalité décrite en définition. Dans certains contextes, la précision peut avoir son importance.

3. Le plan d'exploitation dégradée s'applique lorsqu'il n'est plus possible d'assurer un service normal en raison de la non-disponibilité d'une partie des ressources du centre.

☐ continuité de service

422. *contingency plan*
plan de secours n. m.;
plan de substitution n. m.
Termes à éviter : plan de contingence;
plan de relève informatique;
plan de relève

Plan de reprise hors site mis en œuvre lorsque la détérioration ou la destruction des ressources informatiques consécutive à un sinistre exige le transfert de l'exploitation dans un centre de secours, et qui décrit les procédures visant à assurer, dans des conditions de continuité adaptées aux critères de survie de l'organisation, la mise à disposition rapide et ordonnée des moyens de secours ainsi que la reprise éventuelle de l'exploitation normale après réfection ou remplacement des ressources détruites ou endommagées. (Voir schéma n° 3.)

Notes. — 1. Le plan de secours comporte plusieurs étapes, chacune de ces étapes correspondant à un plan spécifique nommément désigné : a) la réaction d'urgence qui répond à des impératifs immédiats de survie (*plan d'urgence*); b) la reprise par étapes de l'exploitation dans un centre de secours (*plan antisinistre*); c) la transition, parfois nécessaire, entre le centre de secours initial et un centre transitoire (*plan de secours transitoire*); d) le rétablissement de l'exploitation normale (*plan de retour à la normale*).
2. Mettre en œuvre le plan de secours entraîne nécessairement le délestage de l'exploitation sur un centre de secours. Cette décision n'est pas nécessairement évidente, sauf dans le cas où il y a eu destruction totale du centre. En cas de paralysie partielle de celui-ci, le plan de secours devra être mis en œuvre si la durée prévue d'interruption des traitements y est jugée trop longue, et donc inacceptable pour les utilisateurs.
3. On appelle *test de plan de secours* ou *test de plan de substitution* la validation de l'ensemble des procédures de secours, effectuée par la simulation des conditions réelles qui commandent la mise en route du plan.
4. L'expression *plan de contingence* est un calque. Le mot français *contingence* désigne une chose qui n'a pas d'importance ou qui est le fait du hasard. Ce n'est donc pas un équivalent de l'anglais *contingency*.

V. a. **reprise sur sinistre (380)**
☐ continuité de service

423. *emergency plan*
plan d'urgence n. m.;
plan de secours temporaire n. m.

Étape initiale du plan de secours, laquelle prévoit la mise en place de moyens devant impérativement assurer, dans un temps minimal, l'exploitation en dégradé des applications vitales pour la survie de l'organisation sinistrée. (Voir schéma n° 3.)
☐ continuité de service

424. *disaster recovery plan*
Abrév. *DRP;*
disaster plan;
backup operation plan
plan antisinistre n. m.;
plan anticatastrophe n. m.

Étape du plan de secours consécutive à l'exécution du plan d'urgence, laquelle prévoit, de manière ordonnée, le transfert et la reprise en dégradé de l'exploitation dans un centre de secours. (Voir schéma n° 3.)

Note. — Si le plan d'urgence permet de répondre aux impératifs absolus de survie de l'organisation, le plan antisinistre prévoit le transfert progressif, sur une période déterminée, de l'exploitation dans un centre de secours. En effet, le nombre d'applications devenant critiques augmente au fur et à mesure que passe le temps d'indisponibilité des ressources.
☐ continuité de service

425. *extended contingency plan*
plan de secours transitoire n. m.;
plan de secours intermédiaire n. m.;
plan intermédiaire n. m.

Étape facultative du plan de secours, laquelle prévoit, lorsque la durée du secours informatique hors site nécessaire à l'organisation sinistrée est supérieure au temps de disponibilité du centre de secours, le transfert des traitements vers un centre transitoire plus gros que le centre de secours initial, avec un fonctionnement moins dégradé. (Voir schéma n° 3.)

Note. — Le plan de secours transitoire sera nécessaire dans les cas de sinistres informatiques très graves (ex. : destruction totale du centre informatique).

☐ continuité de service

426. *restoration plan*
plan de retour à la normale n. m.

Étape finale du plan de secours, laquelle prévoit le retour à l'exploitation normale, dont la mise à exécution débute peu après le sinistre et qui comporte une phase de migration des traitements vers le centre permanent, ainsi qu'une phase de rattrapage des activités ayant été suspendues pendant toute la période de secours. (Voir schéma n° 3.)

☐ continuité de service

Schéma n° 1

Les logiciels antivirus

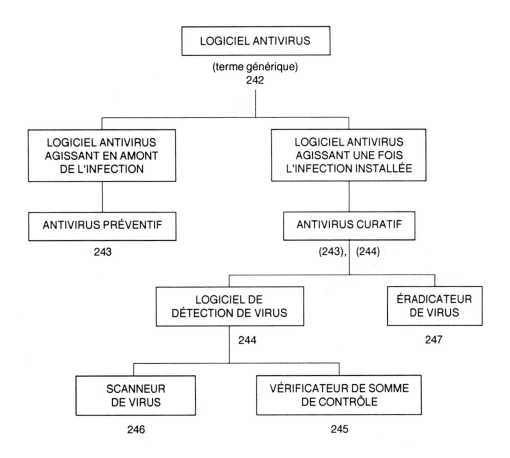

LOGICIEL ANTIVIRUS

(terme générique)
242

LOGICIEL ANTIVIRUS
AGISSANT EN AMONT
DE L'INFECTION

LOGICIEL ANTIVIRUS
AGISSANT UNE FOIS
L'INFECTION INSTALLÉE

ANTIVIRUS PRÉVENTIF

243

ANTIVIRUS CURATIF

(243), (244)

LOGICIEL DE
DÉTECTION DE VIRUS

244

ÉRADICATEUR
DE VIRUS

247

SCANNEUR
DE VIRUS

246

VÉRIFICATEUR DE SOMME
DE CONTRÔLE

245

Les cartes informatiques
(cartes à contacts)

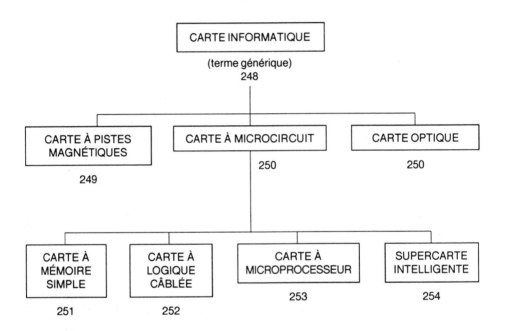

Le plan de continuité

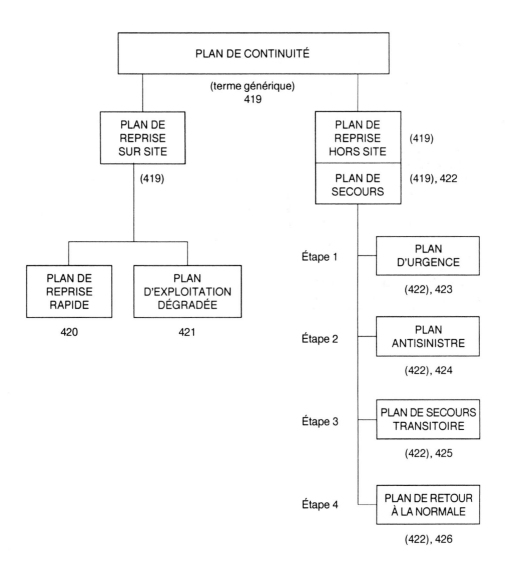

Bibliographie

1. OUVRAGES ET DICTIONNAIRES SPÉCIALISÉS

ACCO, Alain, et Edmond ZUCHELLI. *La peste informatique*, Paris, Plume, c1989, 183 p.

ALTITUDE XXI. ÉCOLE SUPÉRIEURE D'INFORMATIQUE. *La sécurité des systèmes informatiques*, Paris, Altitude XXI, 1987, 237 p.

ASSOCIATION FRANÇAISE DE NORMALISATION. *Sécurité informatique, protection des données*, Paris, Afnor, 1983, 183 p.

BANQUE NATIONALE DE PARIS, ET AUTRES. *Dossier sécurité*, Paris, BNP, 1986, s. p.

CAELLI, William, Dennis LONGLEY et Michael SHAIN. *Information Security Handbook*, New York, Stockton Press, 1991, 833 p.

CANADA. SERVICES GOUVERNEMENTAUX CANADA. *La sécurité des micro-ordinateurs et des réseaux locaux / Microcomputer and LAN Security*, préparé par Charles Miller en collab. avec le Service de gestion de l'information des SGC et la Direction de la sécurité industrielle et ministérielle des SGC, Ottawa, Services gouvernementaux Canada, c1993, 50 p.; 41 p.

CHAMOUX, Jean-Pierre. *Menaces sur l'ordinateur*, Paris, Seuil, c1986, 225 p.

CLUB DE LA SÉCURITÉ INFORMATIQUE FRANÇAIS (CLUSIF). *La sauvegarde et l'archivage*, Paris, CLUSIF, 1991, 28 p.

CLUB DE LA SÉCURITÉ INFORMATIQUE FRANÇAIS (CLUSIF). *Le plan et les moyens de secours*, version 6, Paris, CLUSIF, 1990, 83 p.

CLUB DE LA SÉCURITÉ INFORMATIQUE FRANÇAIS (CLUSIF). *Les infections informatiques*, Paris, CLUSIF, 1994, 47 p. (Les Dossiers techniques)

CLUB DE LA SÉCURITÉ INFORMATIQUE FRANÇAIS (CLUSIF). *Questionnaire sur Marion-CC 92*, Paris, CLUSIF, 1992, 138 p.

CONDAT, Jean-Bernard, et Nicolas PIOCH. *Internet*, Montréal, Éditions J.C.I., c1994, 224 p. (Collection informatique)

CONGRÈS MONDIAL DE LA PROTECTION ET DE LA SÉCURITÉ INFORMATIQUE ET DES COMMUNICATIONS. *Sécuricon 89*, Paris, Service de documentation sur les emplois des PTT, 1989, 338 p.

DE SCHRYVER, Jacques. *Dictionnaire de la micro 93*, Paris, Micro application, c1993, 505 p.

DELAMARRE, Gérard. *Dictionnaire des réseaux : télématique, RVA, EDI*, Paris, À jour, 1989, 224 p. (Transpac)

DENNING, Dorothy Elisabeth. *Cryptography and Data Security*, Reading (Massachusetts), Addison-Wesley, c1982, 1983, 400 p.

DYSON, Peter. *Novell's Dictionary of Networking*, San José (California), Novell Press, c1994, 341 p.

ÉDITIONS TIME-LIFE. *Computer Security*, Alexandria (Virginia), Time-Life Books, c1986, 128 p.

ÉDITIONS TIME-LIFE. *La protection des données*, traduit de l'anglais par Louis Dubois et révisé par Christian Gauffre, Amsterdam, Éditions Time-Life, c1987, 128 p. (Le Monde des ordinateurs)

FAHEY, Tom. *Net-speak : the Internet Dictionary*, Indianapolis (Indiana), Hayden Books, c1994, 203 p.

FISHER, Renée. *Dictionnaire informatique français-anglais*, 3e éd. rev. et augm., Paris, Eyrolles, 1991, 511 p.

FRANCE. SECRÉTARIAT GÉNÉRAL DE LA DÉFENSE NATIONALE. SERVICE CENTRAL DE LA SÉCURITÉ DES SYSTÈMES D'INFORMATION. *Glossaire anglais-français relatif à la sécurité des systèmes d'information*, Paris, SGDN, 1989, 119 p.

FREEDMAN, Alan. *The Computer Glossary : the Complete Illustrated Desk Reference*, 6th ed., New York, AMACOM, c1993, 574 p.

GANNE, Roger, et Brigitte SALOMONI. *La carte à mémoire*, Paris, Eyrolles, 1990, 259 p.

GINGUAY, Michel, et Annette LAURET. *Dictionnaire d'informatique*, 5e éd. rev. et augm., Paris, Masson, 1993, 371 p.

GRISSONNANCHE, André, ed. *Information Security : the Challenge*, Monte-Carlo, IFIP, 1986, 524 p.

GUEZ, Fradji, et Claude ROBERT. *Les cartes à microcircuit : techniques et applications*, avec la participation d'Annette Lauret, Paris, Masson, 1988, 188 p.

HOULE, Yvon. *Les contrôles comptables et la vérification en milieu informatique*, Québec, Presses de l'Université Laval, 1986, 215 p.

IBM FRANCE. COMITÉ DE TERMINOLOGIE. *Terminologie du traitement de l'information*, 7ᵉ éd., Paris, IBM France, 1992, 101 p.

IBM FRANCE. *Manuel animateur : le manager et la protection de l'information*, Paris, IBM France, s. d., 12 p. (Protection de l'information)

IBM FRANCE. *Protection de l'information / Information Asset Security (IAS)*, Paris, IBM France, s. d., 91 p.

ILLINGWORTH, Valtie. *Dictionnaire d'informatique*, traduction française de Édith Saint-Dizier, Paris, Hermann, Lavoisier, 1981, 673 p.

INTERNATIONAL BUSINESS MACHINES. *Dictionary of Computing*, 8ᵉ ed., Poughkeepsie (New York), IBM, 1987, 483 p.

JAN, Christophe, et Guy SABATIER. *La sécurité informatique*, Paris, Eyrolles, 1989, 204 p.

JOUAS, Jean-Philippe, et autres. *Le risque informatique : modélisation, évaluation, réduction*, Paris, Éd. d'organisation, c1992, 279 p. (Ingénierie des systèmes d'information)

KRAYNAK, Joe. *Plain English Computer Dictionary*, Carmel (Indiana), Alpha Books, c1992, 255 p.

LAMÈRE, J.-M., et J. TOURLY. *La sécurité des petits et moyens systèmes informatiques*, Paris, Bordas, Dunod, c1988, 233 p. (Dunod informatique)

LAMÈRE, J.-M., Y. LEROUX et J. TOURLY. *La sécurité des réseaux : méthodes et techniques*, Paris, Bordas, Dunod, c1987, 374 p. (Dunod informatique)

LAMÈRE, Jean-Marc. *La sécurité informatique : approche méthodologique*, Paris, Dunod, 1985, 258 p.

LAMÈRE, Jean-Marc. *Sécurité des systèmes d'information : comment organiser la sécurité et la qualité des systèmes d'information dans l'entreprise*, Paris, Dunod, 1991, 207 p.

LASSIRE, Philippe. *Glossaire encyclopédique de la sécurité et qualité des systèmes d'information et informatiques*, Londres, Philippe Lassire consultants, 1991, 104 p.

LINANT DE BELLEFONDS, Xavier. *L'informatique et le droit*, Paris, Presses universitaires de France, 1981, 128 p. (Que sais-je?, n° 1923)

LONGLEY, Dennis, Michael SHAIN et William CAELLI. *Information Security : Dictionary of Concepts, Standards and Terms*, New York, Stockton Press, c1992, 620 p.

LUCAS, André. *Le droit de l'informatique*, Paris, Presses universitaires de France, c1987, 551 p. (Thémis, Droit)

MAILLET, Dominique. *Lexique de l'informatique*, Paris, Hachette Éducation, c1993, 205 p.

MARTRES, Didier, et Guy SABATIER. *La monnaie électronique*, 1re éd., Paris, Presses universitaires de France, 1987, 120 p. (Que sais-je?, n° 2370)

McDANIEL, George. *IBM Dictionary of Computing*, New York, Montréal, McGraw-Hill, c1994, 758 p.

McGraw-Hill Encyclopedia of Science and Technology, 7th ed., New York, Montréal, McGraw-Hill, c1992, 20 vol.

MORRIS, Christopher, ed. *Academic Press Dictionary of Science and Technology*, San Diego (California), Academic Press, c1992, 2432 p.

MORVAN, Pierre. *Dictionnaire de l'informatique : concepts, matériels, langages (lexique anglais-français)*, Paris, Larousse, c1988, 368 p.

NORMAN, Adrian R.D. *Computer Insecurity*, London, New York, Chapman and Hall, 1983, 351 p.

PARKER, Sybil P. ed. *McGraw-Hill Dictionary of Scientific and Technical Terms*, 4th ed., New York, Montréal, McGraw-Hill Book, c1989, 2088 p.

PARKER, Tracy LaQuey. *The Internet Companion : a Beginner's Guide to Global Networking*, Reading (Massachusetts), Addison-Wesley, c1993, 196 p.

PFAFFENBERGER, Bryan. *Internet in Plain English*, New York, MIS Press, c1994, 463 p.

PFAFFENBERGER, Bryan. *Que's Computer User's Dictionary*, 2nd ed., Carmel (Indiana), Que Corporation, c1991, s. p.

PRENTICE-HALL. *The Encyclopedia of Information Technology*, Englewood Cliffs (New Jersey), Prentice-Hall, 1987, 590 p.

QUÉBEC (GOUVERNEMENT). OFFICE DE LA LANGUE FRANÇAISE. DIREC-TION DES PRODUCTIONS LINGUISTIQUES ET TERMINOLOGIQUES. SERVICE DE LA TERMINOLOGIE PONCTUELLE. *Vocabulaire du logiciel : lexique anglais-français*, par Gilles Boivin et Diane Duquet-Picard, Montréal, Les Publications du Québec, 1987, 60 p. (Cahiers de l'Office de la langue française)

QUÉBEC (GOUVERNEMENT). OFFICE DE LA LANGUE FRANÇAISE. DIREC-TION DES SERVICES LINGUISTIQUES. *Vocabulaire de l'échange de documents informatisés : vocabulaire anglais-français*, par France Michel et le Comité de terminologie de l'EDI, Québec, Les Publications du Québec, c1991, 40 p. (Cahiers de l'Office de la langue française)

RALSTON, Anthony, et Edwin D. REILLY. *Encyclopedia of Computer Science and Engineering*, 2nd ed., New York, Van Nostrand Reinhold, c1983, 1664 p.

ROSÉ, Philippe. *La criminalité informatique*, Paris, Presses universitaires de France, 1988, 127 p. (Que sais-je?, n° 2432)

RULLO, Thomas A. ed., et Marvin M. WOFSEY ed. *Advances in Computer Security Management*, Philadelphie, Heyden, c1980-c1983, 2 vol.

SANDOVAL, Victor. *L'échange de données informatisées pour l'entreprise*, Paris, Hermès, c1990, 124 p.

SANDOVAL, Victor. *Technologie de l'EDI*, Paris, Hermès, c1990, 267 p. (Traité des nouvelles technologies, Série informatique)

SILLESCU, Daniel. *Petit dictionnaire de la micro*, trad. par Daniel Rougé, Paris, Sybex, c1992, 361 p.

SOCIÉTÉ POUR L'AVANCEMENT DE LA SÉCURITÉ DES SYSTÈMES EN FRANCE. *Second séminaire européen sur la sécurité des systèmes* (2-3-4, juin 1982 : textes des conférences), Paris, La Société, 1982, 2 t.

SVIGALS, Jérôme. *Smart Cards : the Ultimate Personal Computer*, New York, MacMillan, London (Angleterre), Collier MacMillan, 1985, 204 p.

UNIVERSITÉ DU QUÉBEC À MONTRÉAL. GROUPE DE RECHERCHE INFOR-MATIQUE ET DROIT (GRID). *L'identité piratée : étude sur la situation des bases de données à caractère personnel dans le secteur privé au Québec et sur leur réglementation en droit comparé et international*, par René Laperrière et autres, Montréal, Société québécoise d'information juridique, 1986, 363 p.

VITALIS, et autres. *L'ordinateur et après : 16 thématiques sur l'informatisation de la société*, Boucherville (Québec), G. Morin, c1988, 302 p.

WALKER, Peter M.B. *Chambers Science and Technology Dictionary*, Cambridge (New York), Chambers, c1988, 1008 p.

WOODCOCK, JoAnne, et autres. *Le dictionnaire de l'informatique*, adapt. française de Pierre Brandeis et François Leroy, Paris, Dunod, c1992, 415 p.

WYATT, Allen L. *Computer Professional's Dictionary*, Berkeley, Montréal, McGraw-Hill, c1990, 352 p.

2. PÉRIODIQUES ET NORMES

AMERICAN NATIONAL STANDARDS COMMITTEE X3. INFORMATION PROCESSING SYSTEMS. *American National Dictionary for Information Processing Systems*, Washington, X3 Secretariat, Computer and Business Equipment Manufacturers Association, c1982, 149 p. (Information processing system technical report, X3/TR-1-82)

AMERICAN NATIONAL STANDARDS INSTITUTE. *Computer Security Glossary : Addendum to the American National Standard for Information Systems / Dictionary for Information Systems*, New York, ANSI, 1991, 12 p.

ASSOCIATION CANADIENNE DE NORMALISATION. *Vocabulaire des technologies de l'information / Information Technology Vocabulary*, préparé par le Comité consultatif canadien ISO/CEI JTC1/SC1, avec la collab. du Secrétariat d'État du Canada, Rexdale (Ontario), ACNOR, 1992, 599 p. (Norme nationale du Canada, CAN/CSA-Z243.58-92)

ASSOCIATION DE SÉCURITÉ INFORMATIQUE DE LA RÉGION DE QUÉBEC. *Mot de passe : bulletin de la sécurité informatique*, 5 fois l'an, Sainte-Foy (Québec), ASIRQ, vol. 1, n° 1, févr. 1986- .

ASSOCIATION FRANÇAISE DE NORMALISATION. *Normatique : le bulletin de la normalisation en informatique*, Paris, AFNOR, n° 14, fév. 1989.

ASSOCIATION FRANÇAISE DE NORMALISATION. *Technologies de l'information : techniques cryptographiques : mécanisme d'intégrité des données utilisant une fonction de contrôle cryptographique employant un algorithme de chiffrement par blocs*, Paris, AFNOR, 1990. (Norme française homologuée AFNOR, NF ISO/CEI 9797)

Bancatique : informatique, bureautique, télématique, sécurité bancaire, mensuel, Paris.

Byte, mensuel, Peterborough (New Hampshire), Byte Publications, McGraw-Hill informations, vol. 1, 1975- .

CANADIAN ADVISORY COMMITTEE ON INFORMATION TECHNOLOGY SECURITY. WORKING GROUP C. VOCABULARY PROJECT TEAM. *Canadian Vocabulary of Information Technology Security*, version 1, Rexdale (Ontario), Canadian Standards Association, 1990, [98] f.

COMITÉ INTERMINISTÉRIEL DE LA SÉCURITÉ INFORMATIQUE (CANADA). *Informatique : normes et méthodes de sécurité à l'usage des ministères et des organismes du gouvernement du Canada, Electronic Data Processing Security Standards and Practices for Departments and Agencies of the Government of Canada*, Ottawa, Conseil du Trésor du Canada, 1986, c1987, 94 p. (Bulletin de la technologie de l'information GES/NGI-14/A-03)

Computer direct, Neuilly-sur-Seine (France), Micropresse, n° 1, 1991- .

Computer Security Newsletter, Northborough (Massachusetts), Computer Security Institute, n° 1, 1981- .

Computerworld. Newsweekly for the Computer Community, hebdomadaire, Framingham (Massachusetts), CW Communications, vol. 1, 1967- .

Computing Canada, Montréal, Plesman Publications, vol. 18, n° 2, 1992.

Database : the Magazine of Database Reference and Review, trimestriel, Weston, Online Magazine, vol. 1, n° 1, 1978- .

Datamation, bimensuel, New York, ED Thompson Publication, vol. 1, 1955- .

Datapro Research Corporation. « Datapro reports on information security », s. l., McGraw-Hill, vol. 1, 1982- .

Datapro Research Corporation. « Security : a Datapro Feature Report », Delran (New Jersey), Datapro Research Corporation, c1984, 19 p.

ÉCOLE INTERNATIONALE DE BORDEAUX. CENTRE INTERNATIONAL FRANCOPHONE DE DOCUMENTATION ET D'INFORMATION. DIRECTION GÉNÉRALE DE L'ÉDUCATION ET DE LA FORMATION. *Les autoroutes de l'information*, Talence (France), CIFDI, 2 vol., juillet 1994, nov. 1994.

ÉTATS-UNIS. DEPARTMENT OF COMMERCE. NATIONAL BUREAU OF STANDARDS. *Computer Science and Technology : Security of Personal Computer Systems : a Management Guide,* by Denis D. Steinauer, Washington, Department of Commerce National Bureau of Standards, 1985, pag. mult. (NBS Special Publication, 500-120)

Face au risque, Paris, Centre national de prévention et de protection, n° 129, janvier 1977.

Industries & techniques, 31 fois l'an, Paris, CEP, n° 1, 1957- .

Info-log magazine, mensuel, Montréal, Information-logiciel, vol. 5, n° 2, août 1990.

Info PC : le magazine de la micro-informatique professionnelle, mensuel, Neuilly-sur-Seine (France), Micropresse, n° 1, 1984- .

Info-tech magazine, 11 n^{os}/an, Montréal, Transcontinental, vol. 14, n° 4, avril 1993.

Informateur-logiciel, mensuel, Montréal, Information-Logiciel, vol. 1, n° 1, 1986- .

INFORMATION TECHNOLOGY SECURITY EVALUATION CRITERIA (ITSEC). *Critères d'évaluation de la sécurité des systèmes informatiques,* Bonn, Köllen-Druck, 1990, 125 p.

Informatique et bureautique, 11 fois l'an, Montréal, Publications Transcontinental, vol. 1, n° 1, avril 1980- .

Informatique et gestion, mensuel, Paris, Association pour l'informatique de gestion, n° 1, 1968- .

Infosystems, mensuel, Wheaton (Illinois), Hitchcock, vol. 1, 1959- .

Infoworld, hebdomadaire, Framingham (Massachusetts), Popular Computing, vol. 1, n° 1, 1991- .

Jurimetrics Journal : Journal of Law, Science and Technology, trimestriel, Chicago, American Bar Association, vol. 1, n° 1, 1959- .

L'Écho des recherches, trimestriel, Issy-les-Moulineaux (France), Centre national d'études des télécommunications, n° 1, 1950- .

L'ordinateur individuel, mensuel, Paris, Groupe Tests, n° 1, oct. 1978- .

L'Usine nouvelle : technologies, 11 n^{os}/an, Paris, Groupe Usine nouvelle, vol. 1, n° 1, mai 1988- .

La recherche, mensuel, Paris, Société d'éditions scientifiques, vol. 1, n° 1, 1971- .

Library Workstation & PC Report, mensuel, Westport (Connecticut), Meckler, vol. 1, n° 1, 1984- .

Micro-gazette, mensuel, Montréal, Micro-gazette, vol. 1, n° 1, sept. 1986- .

Micro-systèmes. Microprocesseurs, micro-ordinateurs, informatique appliquée, Paris, Société parisienne d'édition, n° 5, mai-juin 1979.

Micro-systems. The CP/M* and S-100 User's Journal, bimensuel, Morris Plains (New Jersey), Canadian micro-systems Journal, vol. 1, 1980- .

Monde informatique (Le), hebdomadaire, Neuilly-sur-Seine (France), Compu-terworld Communications, vol. 1, n° 1, 1981- .

ORGANISATION INTERNATIONALE DE NORMALISATION. COMITÉ TECH-NIQUE ISO/TC 97. *Information Processing Systems : Open Systems Interconnection : Basic Reference Model / Système de traitement de l'information : interconnexion de systèmes ouverts : modèle de référence de base*, Genève, ISO, 1984, 40 p. (International Standard ISO 7498-19)

ORGANISATION INTERNATIONALE DE NORMALISATION. ASSOCIATION FRANÇAISE DE NORMALISATION. *Dictionnaire de l'informatique : fran-çais-anglais / Dictionary of Computer Sciences : English-French*, Genève, Paris, ISO, AFNOR, c1989, 185 p.; 189 p.

ORGANISATION INTERNATIONALE DE NORMALISATION. *Data Processing, Vocabulary (English-French) / Traitement de l'information, vocabulaire (anglais-français)*, Genève, Paris, ISO, 1982, 360 p.

ORGANISATION INTERNATIONALE DE NORMALISATION. COMITÉ TECH-NIQUE ISO/TC J1. *Information Processing Systems vocabulary / Systèmes de traitement de l'information : vocabulaire*, 1st ed, Genève, ISO, 1986. (Norme internationale ISO, 2382/8, 18, 22-1986, 1987, 1986)

ORGANISATION INTERNATIONALE DE NORMALISATION. COMITÉ TECH-NIQUE ISO/JTC1. *Cartes d'identification : cartes à circuit(s) intégré(s) à contacts / Identification cards : Integrated Circuit(s) with Contacts*, 1st ed, Genève, ISO, 1987. (Norme internationale ISO, 7816-2, 1987, 1876-2, 1988)

PC Computing, mensuel, New York, Ziff-Davis, vol. 1, n° 1, 1988- .

PC World : the Comprehensive Guide to IBM Personal Computers and Compa-tibles, mensuel, San Francisco, PC World Communications, n° 1, 1982- .

Pour la science, mensuel, Paris, Scientific American, n° 1, nov. 1977- .

Problèmes économiques, hebdomadaire, Paris, Institut national de la statistique et des études économiques, n° 1200, 31 déc. 1970. (La documentation française)

Prometheus, biannuel, Melbourne (Australie), Centre for International Research on Communication and Information Technologies (CIRCIT), vol. 1, n° 1, 1983- .

QUÉBEC (GOUVERNEMENT). DIRECTION GÉNÉRALE DES TECHNOLOGIES DE L'INFORMATION. *Politique de sécurité informatique du gouvernement du Québec*, Québec, ministère des Communications, Direction générale des technologies de l'information, 1987. (Normes en informatique du gouvernement du Québec, NIGQ-02)

QUÉBEC (GOUVERNEMENT). MINISTÈRE DES COMMUNICATIONS. BUREAU CENTRAL DE L'INFORMATIQUE. *La sécurité informatique*, Québec, ministère des Communications, Direction des communications, 1992, 16 p. (Normes en informatique du gouvernement du Québec, NIGQ-02)

Science et vie micro, mensuel, Paris, Excelsior Publications, n° 1, 1983- .

Scientific American, mensuel, New York, Scientific American, vol. 1, Aug. 28, 1845- .

Soft et Micro : magazine des applications du logiciel, Paris, Excelsior Informatique, vol. 1, n° 1, 1985- .

Télécoms Magazine, Paris, CEP Information électronique et Télécoms, n° 1, [1986?]- .

Travail et méthodes : revue des techniques nouvelles au service de l'entreprise, Paris, Éditions Entreprises et techniques, n° 325, mai 1976.

UNITED STATES. DEPT. OF DEFENSE. *Department of Defense Standard : Department of Defense Trusted Computer System Evaluation Criteria*, Washington, Department of Defense, 1985, 122 p.

UNIVERSITÉ LAVAL. *Sécurité informatique*, Québec, Université Laval, vol. 1, n° 1, 1992- .

01 Informatique hebdo, hebdomadaire, Paris, SPPS, vol. 1, n° 1, 1966- .

01 Références, Paris, CEP Communication, Groupe Tests, n° 1, 1989- .

01 Réseaux : le premier magazine de l'informatique communicante, Paris, CEP Communication, Groupe Tests, n° 7, nov. 1994.

Index des termes anglais

C

J

K

L

M

N

reference monitor, 222
reference monitor concept, 222
reliability, 80
remote maintenance, 140
remote monitoring, 138
remote site, 412
remote supervision, 138
remote support, 139
removal program, 247
replay, 314
repudiation, 209
rerun point, 382
rerun time, 381
rescue point, 382
residual risk, 24
residue, 238
residue check, 239
restart point, 382
restoration, 406
restoration plan, 426
reversible encipherment, 260
reversible encryption, 260
right of privacy, 370
risk analysis, 5
risk management, 47
risk manager, 48
roll-forward, 407
route, 296
routine check, 96
routing, 297
routing control, 298

S

sabotage, 333
salami, 312
salami method, 312
salami technique, 312
sanitizing, 240
scanning program, 246
scavenging, 311
scrambling, 301
scrubbing, 240
secret key, 274, 281
secret-key system, 273
security administrator, 51
security analysis, 3
security analysis methodology, 4
security audit, 6
security audit trail, 91

security breach, 367
security class, 69
security clearance, 70
security consultant, 49
security countermeasure, 45
security kernel, 223
security label, 61
security level, 69
security policy, 37
security procedure, 35
security program, 39
security rule, 46
security software, 217
security threat, 7
seepage, 365
self-checking code, 104
self-closing fire door, 149
sensitive data, 63
sensitivity, 60
sensitivity label, 62
sensitivity tag, 62
sequence check, 106
service bureau, 413
session key, 275
shell, 414
short-term recovery plan, 420
simple smart card, 251
single-key system, 273
smart card, 250
smoke detector, 142
software control, 96
software license, 374
software piracy, 319
software protection, 372
software security, 164
software security measure, 42
spoofing, 316
spoofing program, 317
spray paint, 201
sprinkler, 147
standby redundancy, 386
standby system, 387
static electricity, 156
stealth computer virus, 345
stealth virus, 345
stealthy virus, 345
storage protection, 235
subject, 67
submaster key, 276
substitution, 286
sum check, 111
summation check, 111

Index des termes français

P

Table des matières

Achevé d'imprimer en février 1996
sur les presses de l'imprimerie
Impressions 03 inc.
à Beauport

Gouvernement du Québec
**Office de la
langue française**

**FICHE D'ÉVALUATION DES
PUBLICATIONS TERMINOLOGIQUES**
(vocabulaire sans illustrations)

Titre : ***Vocabulaire général de la sécurité informatique***
Gestion de la sécurité
Sécurité physique
Sécurité logique
Délits informatiques
Continuité de service

Identification

Profession : traducteur / traductrice ☐
rédacteur / rédactrice ☐
réviseur / réviseure ☐
enseignant / enseignante ☐
terminologue ☐
spécialiste du domaine traité ☐
autre ☐
précisez _____

Évaluation du contenu

En général, que pensez-vous du choix des termes?

Très bon ☐   Bon ☐   Mauvais ☐

Les définitions sont-elles claires?

Oui ☐   Non ☐

Trouvez-vous les termes que vous cherchez?

Très souvent ☐   Souvent ☐   Rarement ☐   Jamais ☐

Souhaitez-vous que l'Office publie d'autres ouvrages dans le même
domaine ou dans des domaines connexes?

Oui ☐   Non ☐

Si oui, lesquels : _____`_____

_____

_____

_____

À votre avis, existe-t-il d'autres ouvrages plus complets sur le sujet?

Oui ☐   Non ☐

Présentation

Le format (15 cm x 21 cm) vous convient-il?

Bien ☐   Assez bien ☐   Peu ☐   Pas du tout ☐

Les pages de présentation sont-elles utiles pour la consultation?

Très ☐   Assez ☐   Peu ☐   Pas du tout ☐

Les informations sont-elles présentées clairement?

Très ☐   Assez ☐   Peu ☐   Pas du tout ☐

Mode d'acquisition

Comment avez-vous appris l'existence de cet ouvrage?

_____

_____

Où vous l'êtes-vous procuré?

_____

_____

L'avez-vous trouvé facilement?

Oui ☐   Non ☐

Mode de consultation

Avez-vous consulté la terminologie de cet ouvrage dans le DOC de l'Office de la langue française?

Oui ☐   Non ☐

Retourner à : Office de la langue française
Direction des services linguistiques
200, chemin Sainte-Foy, 4e étage
Québec (Québec) G1R 5S4